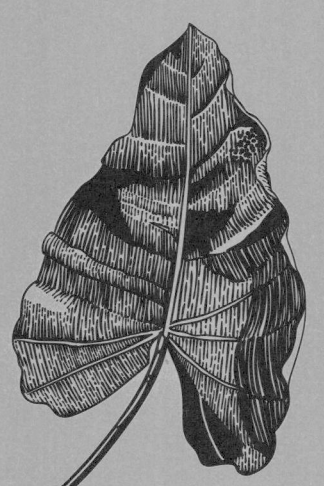
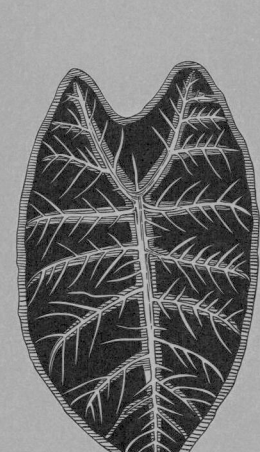

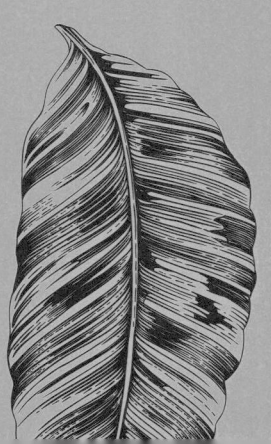

나는 가드너입니다

나는 가드너입니다

세상에서 가장 아름다운 정원,
롱우드 가든에서 보낸 사계절

글, 사진 박원순

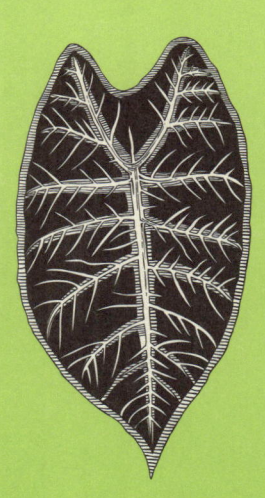
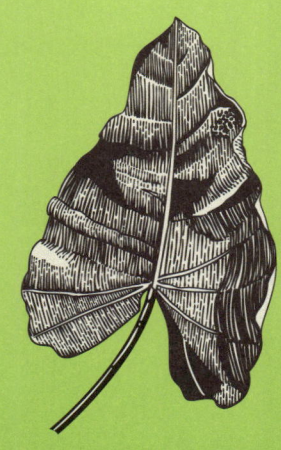

민음사

차례

들어가며 가드너가 되기까지 7

여름의 정원들

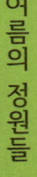

물의 정원
13
신비스러운 수련,
고요한 물소리
마음을 치유하는 시간

페레니얼가든
33
커 가는 아이를 보듯
봄부터 겨울까지
두고두고 감상하는 정원의 풍경

고사리정원
49
꽃을 피우지 않는
단순하고 고요한 초록 세상

가드너의 여름 미국 롱우드가든,
국제 정원사 양성과정을 시작하다 65

가을의 정원들

천송이국화의 정원
109
꽃을 다루는 최고의 기술,
하나의 줄기에서 피어난
천 송이의 완벽한 꽃

채소정원
123
소박한 설렘,
수확의 기쁨

가드너의 가을 흙과 먼지 속에서 화단을 일구다
롱우드 교육생의 일상 135

겨울의 정원들

지중해정원
163
이색적인 색채와 향기,
지중해의 낭만을 품다

오랑주리
177
사계절의 예술을 느끼는
롱우드가든의 랜드마크

가드너의 겨울   새로운 도약을 위한 준비,
롱우드 대학원 과정에 도전하다   **195**

봄의 정원들

우드랜드가든
213
가장 자연에 가까운
와일드가든

플라워가든
233
가드너,
정원에 꽃으로 수놓다

장미정원
251
아찔한 향기에 취하는
로맨스의 정원

가드너의 봄   정원의 모든 존재들이 바빠지는 계절,
봄의 꽃들 속에서   **267**

에필로그   가드너를 꿈꾸는 이들에게   **284**

들어가며

가드너가 되기까지

꽃에 대한 갈증

이 책의 씨앗은 이미 십 년 전에 뿌려졌다. 그즈음 출판사의 편집기획자였던 나는 책을 만드는 일을 업으로 삼으면서도, 마음속에 뭔가 채워지지 않는 갈증이 있었다. 식물 관련 책을 만들 때면 그런 허함이 더욱 커지곤 했다. 대학에서 원예학을 전공했어도 모르는 게 많아 종종 답답함을 느꼈고, 책을 좀 더 잘 만들기 위해서라도 식물 공부를 더 해야겠다는 생각이 들곤 했다. 그러다가 운 좋게도 뉴욕에서 열린 국제 도서전에 출장을 가게 되었고, 해외에서 출간된 수많은 원예 서적들, 이를테면 『플라워스 에이 투 지 *Flowers A to Z*』같은 책들에 흠뻑 반하게 되었다. 세상엔 '정원'이라는 신세계가 있었고, 꽃처럼 아름다운 책들도 지천이었다. 왜 진작 이렇게 멋진 분야를 알지 못했을까? 학교에서 채소학, 화훼학, 과수학을 배웠지만 본격적인 정원 가꾸기와 꽃 키우기는 그 당시 제대로 접하지 못한 게 사실이다. 아무튼 늦게 배운 도둑질이 무섭다고, 나는 원예, 정원, 가드닝, 식물학 같은 분야를 점점 더 가까이하게 되었다. 꽃에 대한 관심이 본격적으로 커진 것은 후에 혜화동 가톨릭대학교에서 출판부 직원으로 일하면서부터였다. 가톨릭대학교 성신교정은 일반인에게 개방되지 않고, 오직 신학생들과 신부님, 수녀님 들만을 위한 신성한 곳이었다. 그곳으로 매일 출근하는 길은 소박한 즐거움으로 가득했다. 전철을 타고 혜화역에 내려 십 분 남짓 신학대학교 정문을 통과하면 완전히 다른 세상이 펼쳐졌다. 도심 한가운데라는 사실을 잊을 만큼 울창한 단풍나무들이 가지를 드리운 길가에는 제비꽃이며 현호색이며 닭의장풀이며, 올망졸망한 꽃들이 아주 예쁘게 피어나 가슴을 두근거리게 만들었다. 캠퍼스 건물 곳곳에 화단들은 수녀님들이 예쁘게 가꾸셨고 때가 되면 금낭화, 천인국, 구절초 같은 꽃들이 소담스럽게 피어났다. 연못가의 신비스러운 풍경, 고풍스럽고 이국적인 건물들과, 그 건물들보다 더 오래되고 큰 나무들이 정말 아름다웠다. 내가 근무하던 출판부 사무실 2층 창가에서 내려다보는 풍경은 고전 유럽 영화 속 한 장면 같았다. 건물로 둘러싸인 중정 잔디밭 한가운데 아름드리 겹벚나무가 5월이면 분홍빛 꽃들을 그림처럼 피워 내곤 했다. 캠퍼스의 북쪽으로 오르면 은행나무 숲이 장관을 이루어 가을이면 그곳을 즐겨 찾았다. 자연스럽게 나는 캠퍼스의 꽃 사진을 일상적으로 찍게 되었고, 주말이면 전국의 식물원들을 다니며 다양한 꽃과 정원을 탐닉했다. 내가 하는 일은 큰 변화가 없는데 꽃들로 인해 바쁜 일상 속 내 모습은 조금씩 변해 갔다. 소소한 것에 대한 감사함도 늘어 갔다. 땅 위에 피어난 작은 꽃들을 보려면 자세를 낮추고 웅크려야 하는데, 그렇게 발견하는 세상은 생각보다 큰 것이었다. 꽃을 찾아 여행을 떠나면서 가족과 보내는 시간도 많아졌다. 꽃을 좋아하시는 어머니, 아직은 어리지만 풀밭과 정원에서 뛰어놀기 딱 좋은 딸아이, 그리고 직장 맘으로서 바쁜 일상 속 작은 쉼표와도 같이 여행을 즐기는 아내에게 정원을 찾아가는 여행은 더없이 좋은 시간이었다. 가족 모두가 꽃과 함께 살아 있음의 발견, 계절의 변화를 제대로 즐기는 법을 체감하게 된 것이다.

서울 생활을 접고
제주 여미지식물원으로 떠나다

남들은 철밥통이라 부러워하는 교직원 생활을 그만둔 것은 꽃에 대한 관심이 도를 넘어섰기 때문이었다. 식물원에서 직접 정원을 가꾸는 일을 해보고자 채용 공고를 뒤적이고, 우리나라 식물원들의 인터넷 웹사이트를 조사하며 정보를 수집했다. 그리고 우여곡절 끝에 제주도 여미지식물원에 새 둥지를 틀게 되었다. 사실 채용이 되지도 않았는데 무작정 제주도로 이사를 하고 회장님을 찾아가 그곳에서 일하고 싶다고 했다. 제주에서 꼭 한번 살아보고 싶다는 아내의 바람도 이 무모한 도전에 일조를 했다. 하지만 꿈에 그리던 식물원에서 일하는 것은 녹록지 않았다. 근무 첫날은 하루 종일 이탈리아 정원에 흰색 자갈을 날라다가 화단에 까는 작업을 해야 했고, 이후 몇 년 동안 삽질은 기본, 면허 딴 후 한 번도 몰아 보지 않았던 트럭 운전에, 크레인 사용법도 배워야 했다. 연못 청소, 높은 사다리를 타고 온실 꼭대기까지 자란 열대 나무들의 가지들을 전정하는 일, 계절별로 주제를 달리하는 디스플레이 정원 연출을 위해 철야 작업도 많았다. 크고 작은 정원 소품들도 직접 만들었다. 목수가 되어 정원에 설치할 집을 짓기도 하고, 크리스마스 땐 대형 스티로폼을 깎아 눈사람을 만들었다. 비닐하우스에서 직접 재배하는 초화류와 구근베고니아, 국화 작품작과 열대식물 들도 신경을 많이 써야 했다. 물론, 힘든 만큼 재밌는 일들도 많았다. 식물원 근무 2년차부터는 온실 물의 정원 관리도 맡았는데, 잎이 거대하게 자라는 빅토리아수련과 온갖 수생식물들의 세계에 흠뻑 빠져들었다. 옷장화를 입고 물속에서 일을 하다가 잠깐잠깐 맡아 보는 수련의 꽃향기가 그렇게 좋을 수 없었다. 환경부 사업으로 제주의 멸종 위기 및 희귀식물들을 돌보는 일도 보람이 컸다. 가끔씩 국내 식물원 출장은 물론 일본, 영국 등 해외 정원으로 벤치마킹을 다니는 일도 꽤나 즐거웠다. 식물원에서 많은 것을 보고 느끼고 경험하면서 또 하나의 화두가 생겨났다. 보다 체계적으로 정원 일을 할 수 있는 방법은 없을까? 식물원의 정원 관리는 기대했던 것보다 주먹구구식이었다. 매뉴얼이 따로 없었고, 오랜 경력의 정원사들이 경험적인 노하우는 많지만 그것을 체계적으로 정리한 자료도 마땅히 없었다. 식물원에서 일하려면 한 사람이 백 가지를 다 잘하는 백공이 되어야 하는 현실도 문제였다. 한 가지 한 가지를 제대로 정리해서 체계를 잡아 놓으면 일하기도 편하고, 역할 분담이나 신입 직원들을 가르치기도 쉬울 텐데 하는 아쉬움이 커져 갔다. 일 년에 한두 번씩 한국식물원수목원협회 세미나에 가면 좋은 정보를 얻을 수 있었지만 일회성에 그치곤 했다. 그렇다면 방법은 하나, 정원 관리 시스템이 아주 잘 되어 있는 곳에 직접 가서 배워 오는 것이다. 이미 영국과 미국 등 선진국의 정원과 원예, 가드닝 프로그램을 경험한 몇몇 선배들이 있었고, 그분들께 연락해서 나도 그곳에 갈 수 있는 방법을 모색했다. 삼십 대 후반이 적은 나이도 아니고 가장이 외국에 나가 공부를 하고 온다는 것이 쉬운 일은 아니었다. 주변에서도 걱정을 많이 했지만 이 길을 가기로 한 이상 꼭 거쳐야 할 과정이라는 것을 직감했다.

꿈에 그리던 정원,
미국 롱우드가든으로

첫술에 배부르진 않았지만, 2010년 결국 미국 롱우드가든으로부터 국제 정원사 양성과정International Gardener Training Program 합격 소식을 받고 미국행에 올랐다. 1년 동안 롱우드가든에서 지내면서 그곳의 국제 정원사 양성과정을 밟았고, 이후 2년 동안 델라웨어 대학교와 롱우드가든이 제휴하여 대중원예 분야의 리더를 양성하는 롱우드 대학원 과정Longwood Graduate Program까지 마치게 되었다. 롱우드가든은 꿈에 그리던 정원의 모습과 가까웠다. 모든 것이 완벽해 보였고, 그곳에서 일하는 사람들은 모두 최고의 전문가들이었다. 어떻게 이런 최상의 정원을 만들고 관리할 수 있을까? 롱우드가든에서 지내는 동안 항상 이 질문을 염두에 두었다. 이 책은 그 물음에 답하기 위해 매일매일 글과 사진으로 정리한 생생한 기록이다. 세계에서 가장 아름다운 정원 중 하나인 롱우드가든에서 보낸 1년간의 가드닝 수업과 일상 스케치 그리고 사계절 빼어난 여러 정원들을 담고자 했다. 계절의 자연스러운 변화와 가드너들의 부지런한 손길로 정원이 어떻게 변해 가는지, 그 속에서 가장 마음을 사로잡은 꽃들은 무엇이었는지, 한편으로 멀리 타국으로 정원을 공부하러 온 중년 가장이 느꼈던 고뇌와 가족에 대한 그리움도 함께 담겨 있다. 혹시 앞으로 나와 비슷한 경험을 하게 될지도 모를 가드너들에게 이 글이 조금이나마 위로와 용기가 된다면 더할 나위 없겠다.

세상에는 참으로 아름다운 정원이 많습니다.
이 책에서는 롱우드가든의 교육생으로서 경험한
아름다운 정원들 가운데 열 개의 정원을 보여드립니다.
계절이 바뀔 때마다 정원의 풍경도 변하고
가드너가 할 일도 바뀌지요.
한 계절이 지날 때마다 그 계절에 어울리는
롱우드가든의 정원들과, 가드너 양성과정 시절
저의 다이어리를 담아 보았습니다.

여름의 정원들

물의 정원
페레니얼가든
고사리정원

waterlily
display

물의 정원

신비스러운 수련, 고요한 물소리
마음을 치유하는 시간

지구에 마술이 있다면,
그것은 물 속에 담겨 있다.

—로렌 아이슬리 Loren Eiseley

고요한 신비, 물의 정원

어린 시절 고향 마을의 개천은 내게 재미와 신나는 모험으로 가득한 놀이터였다. 이후 강과 바다, 숲속 폭포와 크고 작은 연못 등 수많은 여행지에서 마주하곤 했던 물가는 바쁜 일상 속에서 잠시 쉬어 가며 자연의 아름다움을 느끼게 해 주는 휴식처였다. 나이 서른을 훌쩍 넘긴 어느 날인가 제주도의 한 오름 근처에서 만난 습지는 내게 좀 더 특별한 의미가 있었다. 좀어리연꽃과 애기도라지 등 작은 풀꽃들이 조심스레 자라고 있던 습지에 고인 물은 자연만이 만들어 낼 수 있는 순수하면서도 깨끗한 느낌, 지구 생태계를 관장하는 보이지 않는 존재에 대한 경외감마저 전해 주었다. 식물원에서 물의 정원은 내게 이 모든 느낌들을 합친 종합 선물 세트와도 같은 공간이다. 아니, 어쩌면 물의 정원이 그런 공간이 되면 좋겠다는 하나의 이상을 갖게 된 것일지도 모르겠다.

물의 정원에서 수련잎이 하나둘씩 올라와 물 위에 넓게 펼쳐지고, 그 사이로 꽃봉오리들이 마치 폭죽처럼 올라와 꽃을 피우기 시작할 때, 한바탕 펼쳐질 물의 정원의 즐거

빅토리아 크루지아나 *Victoria cruziana*, 미국부용 '모이 그란데' *Hibiscus* 'Moy Grande', 토란 '모히토' *Colocasia esculenta* 'Mojito', 무늬큰잎부들 *Typha latifolia* 'Variegata', 수련 '오도라타 루시아나' *Nymphaea* 'Odorata Luciana'

운 여름 파티는 이미 시작된 셈이다. 하루하루 햇빛과 열기가 더해질수록 수련의 색과 향은 더욱 짙어지고, 온갖 다른 수생 식물들도 주체할 수 없는 생명력으로 이 아름다운 물의 정원에 풍성함을 더한다.

   이제 막 6월에 들어선 어느 날, 롱우드가든에 처음 도착하여 가장 인상 깊었던 곳은 수련 연못이었다. 마치 중정처럼 온실 건물 사이의 야외 공간에 자리 잡은 이 연못 정원을 처음 본 순간의 느낌은 온갖 음식들이 가득 차려지고 많은 사람들로 북적이는 잔칫집에 들어섰을 때와도 같았다. 어디부터 봐야 할까. 어린아이가 신나는 놀이 기구가 잔뜩 있는 놀이터를 발견했을 때처럼 나는 바쁜 걸음으로 물의 정원을 둘러봤다. 물과 수련, 수생 식물을 좋아하는 나에게 이곳은 거의 완벽에 가까울 만큼 깔끔하고 짜임새 있게 디자인된 물의 정원이었다. 넓은 면적의 물 위에 가득 채워져 있는 것은 갖가지 색깔의 꽃들과 다양한 질감의 잎들이었다. 거대한 잎을 펼치고 있는 빅토리아수련과 육중한 몸매의 칸나, 연꽃 등 수많은 종류의 수생 식물들이 모두 기가 막히도록 조화롭게 배치되어 있었다. 꽃과 물과 교감을 이루며 그 작은 미동들과 색깔, 향기를 음미하는 일은 얼마나 특별한 체험인가.

   물의 정원에서는 식물 외에 물 자체를 바라보고 물소리를 듣는 것만으로도 특별한 체험이 된다. 물의 정원의 역사가 거의 인류 문명이 시작된 때로 거슬러 올라가는 것을 보면 물은 모든 생명의 근원이라는 철학적 명제를 떠올리지 않더라도 물에는 본디 사람의 마음을 끄는 어떤 것이 존재하는 것 같다. 기원전 3000년 전 집 안뜰에 과실수와 여러 관상용 식물들을 심고 그

한가운데 정형화된 연못을 만들었던 고대 이집트인들은 물의 정원에서 과연 무엇을 느꼈을까? 중동 지역 유프라테스강과 티그리스강을 중심으로 발달한 고대 메소포타미아 문명에서 십자 형태로 나뉘어 조성된 네 개의 연못과 분수가 만들어진 것을 보면, 어쩌면 물의 정원의 역사는 에덴동산에 흘렀던 네 개의 강으로부터 그 기원을 찾을 수 있을지도 모르겠다. 물의 정원에서 가장 인기가 높은 수련과 연꽃 또한 그 역사로 말하자면 그야말로 아주 먼 과거로 거슬러 올라간다. 수련은 수억 년 전 지구상에서 가장 먼저 꽃을 피우기 시작한 식물들 중 하나인데, 고대 이집트에서는 낮에 파란색으로 피는 수련 *Nymphaea caerulea*과 밤에 하얀색으로 피는 수련 *Nymphaea lotus*을 신성한 꽃으로 귀하게 여겼다. 연꽃 또한 힌두교와 불교의 중요한 상징으로, 중국에서는 기원전 5000년 전에 존재했던 것으로 밝혀진 연꽃의 씨앗이 발견되기도 했다.

  인류 문명사에서 가장 중요하게 여겨 온 식물인 수련과 연꽃을 함께 담아 놓은 물의 정원은 그 존재만으로도 아름다움을 넘어서서 신비롭다. 모네가 자신의 연못에 수련을 기르고 그 아름다운 풍경을 화폭에 그리며 남은 여생을 보낸 이유도 어쩌면 물의 정원이 주는 이 같은 매력에 도취된 때문이 아니었을까.

연못 속 가드너

  식물원에서 일을 하면서 온갖 종류의 정원 중에서도 나는 물의 정원이 가장 좋았다. 수련 잎들을 정리하기 위해 작업복을 입고 허리춤까지 물이 차오르는 연못 속으로 들어가면 수련꽃들에게 더 가까이 다가갈 수 있었다. 아무도 없는 틈을 타 살짝 코를 대고 향기를 맡으면 그 아찔함이란! 장미꽃이나 꽃치자처럼 진하지는 않지만 수련의 향기는 내게 그 어떤 고급 향수보다도 그윽하고 신비로웠다.

하지만 현실은 그렇게 낭만적이지만은 않았다. 한창 자라나는 아이처럼 왕성하게 생육하는 수련들을 먹여 살리는 일은 자질구레하면서도 때로는 힘에 부치는 노동이 필요했다. 매일같이 물 위에 뜬 부유물을 건져 내는 일은 기본이고, 연못 속으로 들어가 오래된 잎과 시든 꽃 들을 정리하는 일, 때때로 비료를 주는 일, 잎에 까맣게 모여드는 진딧물을 없애는 일 등 온갖 뒤치다꺼리를 해 주어야 한다. 또 때가 되면 분을 새롭게 갈아야 하는데, 물을 잔뜩 머금고 있는 거대한 수련 화분들을 물 밖으로 꺼내는 것도 큰일일뿐더러, 설상가상으로 오래된 수련의 화분 속에서는 말할 수 없이 고약한 냄새가 뿜어져 나온다.

롱우드가든이라고 해서 예외는 아니었다. 겉보기에 이렇게 아름다운 정원의 이면에는 매일매일 해마다 끝없이 반복되는 일과를 처리하며 땀을 쏟아 내는 가드너들의 손길이 필요하다. 그 중심에는 팀 제닝스라는 엄청난 내공의 사나이가 있다. 수생 식물뿐 아니라 양치식물과 열대 식물에 대해서도 해박한 지식과 경험을 갖고 있는 그는 매일같이 연못 속에 들어가 힘든 작업들을 해내는 열정적인 가드너다. 모든 직업에는 그 분야에서 최고의 지식과 경험을 쌓은 사람이 있기 마련일 텐데, 나에게는 팀이 바로 그런 사람이었다. 그와 함께 처음으로 연못 속에 들어가 일했던 날의 기억이 생생하다. 작업복을 입고 물속으로 입수할 때의 느낌은 수영장에 들어갈 때와는 분명히 달랐다. 물속에 가득 자라고 있는 식물들을 보살피기 위한 가드너로서 나의 손길과 눈길은 식물들의 잎과 꽃 하나하나에 세심하게 꽂혔다. 팀의 자세한 설명을 들으며 식물을 다루는 몸짓을 배우는 동안 나는 굉장한 뿌듯함과 행복감을 맛볼 수 있었다. 도제가 된다는 것이 이런 느낌이 아닐까.

　　　　　4월부터 10월까지 연못 정원이 개장하는 기간 내내 팀 제닝스와 그의 팀원들은 마치 이 식물들의 매니저나 미용사, 분장사, 코디네이터가 된 것처럼 일을 한다. 연못 속에는 수생 식물들이 심긴 거대한 화분들이 있는데, 노랗게 시든 잎들을 정리하기 위해서는 스위스 칼을 이용해 물속 깊이 손을 넣어 밑에서부터 잎줄기를 잘라 주어야 한다. 또한 번식력이 왕성한 열대 수련은 종종 새로운 개체들을 따로 키워 내는데 이것들도 발견되는 대로 솎아 주어야 한다. 그러지 않으면 원래 개체는 생장을 멈추고 모든 양분을 새끼 식물들을 키우는 데 쓰기 때문이다. 처음에는 잘 보이지 않는 물속에서 칼을 사용하는 것이 미숙하여 손을 베기도 했다. 놀라웠던 것은 내가 손을 베인 것을 팀이 알아채고는 나를 바로 물 밖으로 나오게 하고 치료와 함께 보고서를 쓰게 한 일이다. 작은 상처인데도 이렇게 철저하게 조치하는 것이 인상적이었다.

　　　　　수련의 꽃들은 보통 사나흘 정도 피었다가 지면서 서서히 물속으로 가라앉게 되는데, 이 꽃들도 꽃대를 잘라 주어야 한다. 안 그러면 이 꽃들이 물속에 잠긴 채 아무도 모르게 씨앗을 만들기 때문이다. 자연에서는 꽃이 피고 씨앗을 맺는 것이 자연스러운 생명의 순환 과정이지만, 적어도 물의 정원에서 가드너들은 식물들이 이렇게 씨앗을 만드는 것을 허락하지 않는다. 이는 씨앗을 만드는 데 들어가는 엄청난 에너지를, 더 크고 화려한 꽃과 잎을 만들어 내는 데 쓰이도록 하기 위함이다. 어떻게 보면 너무 인간 중심의 이기적인 행위가 아닌가 싶기도 하지만, 그것은 순진한

생각일 뿐이다. 씨앗을 만든다고 해도 그것이 번식을 위해 효과적으로 쓰일 수 있는 것도 아니고, 시들어 물속에서 분해된 꽃들의 잔해는 보기에도 지저분하기 때문이다. 물론 자연에 존재하는 연못과 습지에서는 물을 비롯한 모든 것들이 다양한 동식물들이 함께 살아가는 균형 잡힌 생태계 속에서 스스로 정화된다. 어쩌면 이상적인 물의 정원은 그렇게 자연스럽게 순환이 되면서 최소한의 손길로도 아름다울 수 있는 생태적이면서도 지속 가능한 모습일지도 모르겠다. 하지만 여기 많은 사람들로 가득찬 식물원의 물의 정원에서 자연의 일들을 대신 수행하는 것은 순전히 가드너의 몫이다. 다행히 가드너들은 그 일을 무척 사랑한다.

빅토리아수련의 신비

빅토리아수련은 또 하나의 경이로움이다. 잎의 지름이 2미터 가까이 자라는 거대한 이 식물체는 마치 공상 과학 영화에나 나올 법한 괴이함과 이색적인 기운을 뿜어낸다. 처음 보는 사람들은 그 신기한 모습에 이것이 진짜 식물인지 아니면 모형으로 만들어 놓은 것인지 의아해할 정도다.

브라질 아마존강에서 자라는 이 식물은 영국 왕립 식물원 큐가든 Kew Gardens의 식물학자가 1830년대에 처음 발견해 식물원에 도입해 재배하기 시작했다. 영국 빅토리아 여왕을 기려 그 이름이 붙여졌다. 아마존강에서 남쪽으로 한참 떨어진 파라과이의 파나마강에서 발견된 또 다른 종류의 빅토리아수련 크루지아나는 잎 가장자리가 위로 말려 올라가 거대한 둥근 쟁반을 연상케 한다. 이들 빅토리아수련의 다 자란 잎에는 어린아이가 올라갈 정도의 부력이 있는데, 잎을 뒤집어 보면 그 과학적인 메커니즘에 다시 한번 놀라게 된다. 억센 가시로 뒤덮인 잎줄기로부터 체계적으로 잎맥이 발달하여 거대한 잎을 탄탄하게 받치고 있다. 이 공학적으로 완벽한 구조와 디자인을 이용하여 영국에서는 조지프 팩스턴의 설계로 1850년대에 수정궁이라는 거대한 온실을 짓기도 했다. 그는 최초로 빅토리아수련을 재배하고 꽃을 피운 장본인이다. 빅토리아수련의 가시는 잘못 건드리면 쉽게 상처가 날 정도로 날카로운데, 다른 수생 동식물의 접근을 막아 내고 마음껏 햇빛을 받기 위해 영역을 펼칠 수 있는 숨겨진 무기다. 그래서 빅토리아수련을 관리하는 정원사의 팔뚝과 손등에는 으레 크고 작은 상처가 나 있게 마련이다.

   마치 수생 식물계의 거대한 악어처럼 게걸스러운 이 엄청난 녀석은 자라는 속도도 빨라서 한창 때는 하루에 10센티미터 이상씩 자라기도 한다. 그만큼 많이 먹기도 해야 하는데 2주에 한 번씩은 특별 조제된 영양제를 듬뿍 물속에 있는 분 속으로 깊숙이 찔러 넣어 준다. 연못 속에서 팀과 함께 일하면서 잘 부숙된 소똥과 함께 진흙을 버무려 적당히 화분의 밑거름으로 쓰곤 했던 여미지식물원에서의 기억을 떠올리며 문득문득 웃음을 짓곤 했다. 그 이야기를 팀에게 들려주니 그는 살짝 놀라며 예전에 롱우드가든에서도 그렇게 전통적인 방식의 거름을 주곤 했다고 말했다.

   빅토리아수련 이야기의 가장 흥미로운 부분은 꽃과 수정에 관한 것이다. 한번 물 위로 올라온 꽃봉오리는 단 이틀 동안 밤에만 활짝 피어난다. 첫째 날 꽃은 순백색으로 마치 커다란 목련 꽃처럼 생겼는데 파인애플과도 같은 진한 향기가 진동하고, 수술의 꽃가루는 아직 만들어지지 않은 채 맨 밑바닥의 암술머리 부분만이 다른 꽃으로부터 꽃가루 받을 준비를 하게 된다. 둘째 날에는 꽃이 분홍색 또는 진홍색으로 변하고 수술에 비로소 노란 꽃가루가 그득하게 맺힌다. 같은 꽃 안에서 자가 수정이 되는 것을 막기 위해 빅토리아수련의 꽃은 이렇게 진화한 것이다. 원래 빅토리아수련이 자라는 자생지에서는 수많은 빅토리아수련의 꽃들 사이를 분주히 오가며 이 꽃에서 저 꽃으로 꽃가루를 운반해 주는 특별한 일꾼이 있다. 바로 애기뿔소똥구리Scarab beetles라고 불리는 야행성 딱정벌레의 일종이다. 첫째 날 밤 활짝 열린 꽃의 향기에 이끌려 순백색의 꽃잎 위에 내려앉은 이 딱정벌레는 겹겹으로 되어 있는 꽃잎의 맨 안쪽 빈 공간 속까지 기어들어가 안쪽 벽에 있는 영양가 높은 전분질을 섭취한다. 이때 다른 꽃으로부터 운반해 온 꽃가루를 암술머리가 있는 바닥에 떨어뜨려 꽃이 수정되게 해 준다. 신기하게도 아침이 되면 꽃잎이 완전히 닫히고 딱정벌레는 이 안에서 하루 종일 갇혀 있게 된다. 그리고 다시 저녁이 되어 둘째 날 밤을 맞이해 꽃이 열리면 마법과 같은 일이 일어난다. 꽃은 어느새 붉은 핑크색으로 바뀌어 있고 수술에는 첫째 날 밤에는 없던 꽃가루가 잔뜩 생겨나는데, 하루 종일 갇혀 있던 딱정벌레가 밖으로 기어나오면서 온몸에 이 꽃가루를 온통 뒤집어쓰게 되는 것이다. 그런 다음 이 딱정벌레는 또다시 다른 첫째 날 밤을 맞은 꽃으로 가서 똑같은 일을 반복하며 꽃들의 수정을 돕는다. 여기에 빅토리아수련 꽃의 또 다른 비밀이 있다. 밤이 되면 열리는 꽃은 자체 발열 기능까지 갖추어 주변의 온도보다 10도 정도 높아지는데 이는 꽃의 향기를 더 멀리 퍼지게 하여 딱정벌레를 더 강렬하게 유혹하고 꽃 속에서 그 은밀한 시간을 오랫동안 즐기도록 하여 꽃이 수정될 확률을 더 높인다. 이쯤 되면 식물은 더 이상 정적인 존재가 아니라 번식과 생존을 위해 모든 것을 치밀하게 계산

빅토리아수련의 꽃은 이틀 동안 밤에 활짝 열리며 첫째 날과 둘째 날 꽃 색깔이 달라진다.

하고, 어쩌면 살아 있는 동물보다 더 교묘하게 움직이는 능동적이면서도 역동적인 존재인 셈이다.

이 특수 임무를 맡은 딱정벌레가 없는 정원에서 빅토리아수련을 수정시켜 주는 일은 다름 아닌 가드너의 몫이다. 다른 수련들은 구근 뿌리에 생긴 새끼 개체들을 떼어 쉽게 번식을 할 수 있지만, 빅토리아수련은 일년생처럼 매년 새로운 씨앗에서 발아되어 자라기 때문에 해마다 다 자란 어미 개체로부터 다음 해를 위한 씨앗을 받아야 한다. 이 작업에 필요한 도구는 붓과 나이프가 전부다. 좀 더 복잡한 과정이 있지만 간단히 말하자면, 꽃이 활짝 열렸을 때 물속으로 들어가 두 번째 밤을 맞이한 분홍색 꽃으로부터 수술의 꽃가루를 채취하여, 첫 번째 밤을 맞이한 다른 꽃의 암술머리에 묻혀 주는 것이 기본적으로 할 일이다. 꽃가루받이가 성공적으로 이루어졌다면 얼마 지나지 않아 씨방이 부풀어 오르며 씨앗이 맺히기 시작하는데, 이렇게 물속에서 5~6주 정도 성숙되면 씨앗들이 묵직하게 되어 수확할 준비를 갖춘다. 수확된 꼬투리를 열면 지독한 냄새가 나는데 그 안에는 완두콩처럼 생긴 300~400개의 씨앗들이 빼곡하게 들어차 있다. 이 씨앗들은 섭씨 16도 정도의 온장고에 보관하여 다음 전시를 위한 예비 씨앗으로 저장해 둔다.

롱우드가든에는 세 가지 빅토리아수련이 있다. 잎이 더 크고 뒷면이 연분홍색을 띠며 잎가장자리의 테두리가 발달되지 않은 아마조니카 *Victoria amazonica*, 잎이 아마조니카보다는 작고 뒷면은 녹색으로 잎가장자리 테두리가 높이 올려진 크루지아나 *V. cruziana*, 그리고 이 두 부모 사이에서 탄생한 롱우드 하이브리드 *V. 'Longwood Hybrid'*가 있다. 쉽게 말하면 아마조니카의 꽃가루를 크루지아나의 암술머리에 묻혀 크루지아나로부터 씨앗을 받아 키운 것이 바로 롱우드 하이브리드다. 1960년대에 롱우드가든의 수련 전문가였던 패트릭 넛이 전 세계에서 처음으로 이 종을 탄생시켜 롱우드가든에 선보이기 시작했는데, 롱우드 하이브리드는 두 부모 종의 장점을 두루 갖추었다. 아마조니카처럼 잎이 크게 자라면서도 크루지아나처럼 잎가장자리가 올라가며, 무엇보다 잎의 뒷면과 테두리 색깔이 두드러지게 강한 구릿빛을 띤 붉은색을 띠어 높은 관상 가치를 갖게 된 것이다.

　　　　자연 상태에 존재하는 원래의 종들도 아름답지만 패트릭이 탄생시킨 롱우드 하이브리드는 또 하나의 빅토리아수련 종으로서 많은 사랑을 받고 있다. 이 놀라운 식물들을 아마존강에 직접 가지 않고도, 정원 속에서 감상할 수 있다는 것은 큰 행운이다.

마음을 치유하는 시간

　　　　수련 꽃들이 활짝 핀 물의 정원에는 마치 시간이 멈춘 듯 고요한 아름다움이 있다. 검은색으로 물들인 연못은 깨끗하게 바탕색이 칠해진 캔버스 역할을 하며 수련의 색깔을 더욱 돋보이게 하고 물 위에 반사된 모습과 함께 정원의 느낌을 한층 세련되게 만든다. 이 검정 염료의 사용은 단지 미관상의 문제만은 아니다. 검은색 물은 물속으로 스미는 햇빛의 양을 줄여 녹조류의 번성을 막는다. 또한 연못 속에 있는 화분들을 비롯해 바닥에 설치된 여러 장치와 선을 가려 주기도 한다. '딥 워터'라고 불리는 이 염료는 롱우드가든의 기념품점에서 판매하여 일반인이 가정에서도 이용할 수가 있다.

　　　　물속에는 늘 바지런하게 일하는 또 다른 일꾼들이 있

다. 모기물고기mosquitofish라고 불리는 이들은 연못 속에서 모기 유충들을 비롯한 유기 분해물 등 물속의 자잘한 부스러기들을 먹어 치운다. 여기 오기 전에는 왜 이런 방법들을 몰랐을까. 마치 조선시대 유학자의 해외 견문기에 나오는 이야기처럼 이곳에서 매일매일 가드닝의 '신문명'을 접하는 것이 신기하기만 하다. 수련이 단연 돋보이게 마련인 물의 정원에서 조연들의 역할도 상당히 중요하다. 연못을 둘러싸고 있는 수생 식물들은 키가 크고 볼륨이 풍부하다. 갖가지 칸나Canna와 토란Colocasia, 시페루스Cyperus alternifolius와 파피루스Cyperus papyrus, 타알리아Thalia geniculata & T. dealbata 등이 다양한 질감과 색깔로 물의 정원을 풍성하게 만들어 준다. 무늬창포Acorus calamus 'Variegatus'와 관상용 벼Oryza sativa 'Black Madras', 루엘리아Ruellia simplex 'Purple Showers', 물 위에 떠서 자라는 루드위지아Ludwigia sedoides와 물수세미Myriophyllum aquaticum 등도 아기자기하게 주변 화단을 장식하고 있다.

   연못에 들어가 하루 종일 일한 후에도 종종 나는 다시 물의 정원을 찾아가 늦은 오후의 평화로운 휴식을 즐기곤 한다. 때로는 팀 제닝스가 연못 정원에서 관람객들을 위한 특별 강의를 펼치곤 하는데, 이때는 많은 사람들이 연못 속에 들어가 있는 팀을 둘러싸고 그의 이야기를 듣는다. 한낮의 뜨거운 햇빛보다 많이 부드러워진 저녁 햇살 속에 더없이 아름다운 물의 정원과, 꽃보다 더 아름답고 열정적인 정원사의 이야기는 거기 모인 모두에게 더할 나위 없이 근사하고 충만한 시간을 선사해 준다. 팀에게 이 시간들은 그가 이 일을 하는 이유 중 하나일 것이고, 매일매일 땀과 물에 젖은 일상들에 의미를 부여하는 중요한 순간일 것이다. 처음의 환상이나 설렘과 달리 자칫 일상적인 업무들이 해마다 반복되어 재미없고 지루해질 수도 있는 정원에서의 일들은 결과보다는 과정에 더 큰 의미가 있다. 그 과정 속에서 자신이 무엇을 진정으로 원하는지 발견할 수 있다. 누군가 마음을 치유하는 방법을 찾고 있다면, 나는 강력하게 물의 정원을 추천하고 싶다. 물이 선사하는 즐거운 휴식과 함께 끊임없이 거듭되는 생명력의 절정을 맛보면서, 자기도 모르게 마음속으로부터 기쁜 에너지가 솟아오를지도 모르기 때문이다.

perennial garden

페레니얼가든

해마다 커 가는 아이를 보듯
봄부터 겨울까지 두고두고 감상하는 정원의 풍경

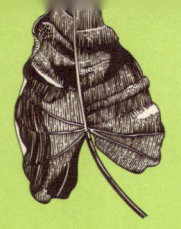

정원은 하룻밤에 만들어지는 것이 아닙니다.

─타샤 튜더 Tasha Tudor

정원의 의미

　　　　정원 일을 하다 보면 정원에 대해 많은 생각을 하게 된다. 정원은 도대체 내게 어떤 의미가 있는 것일까? 내게 정원은 사랑하는 사람들과 추억을 담은 이야기 책, 혹은 계절에 따라 특별한 영감을 주는 아름다운 화폭이기도 하다. 나를 땀으로 뒤범벅 되게 만드는 노동 그 자체이기도 하며, 반면에 나를 들뜨게 하는 파티의 장이기도 하다. 나와 많은 시간을 정원에서 보낸 딸아이에게 정원이 무엇이냐고 물었다. 대답은 '세상에서 가장 아름다운 길'이었다. 이유를 물으니, 정원에는 나무도 있고 풀도 있지만, 사랑하는 사람끼리 함께 걸어가는 길이 떠오른다는 것이었다. 그러고 보니 정원 속에서 우리가 참으로 많은 길을 걸어왔던 것이 생각나 가슴이 뭉클해졌다.

　　　　롱우드가든에서 오후 두세 시에 일과를 마치면 숙소에 돌아와 씻고 잠시 휴식을 취한 뒤, 저녁 무렵 다시 가든으로 나오곤 했다. 낮에는 흙투성이가 되어 열심히 일했던 공간을 말끔히 차려입고 카메라를 들고 바라보는 기분은 전혀 다르다. 일꾼이 아닌 손님이 되어 정원을 감상하는 것이다. 정원 자체를 즐기는 기

일년초 화단으로 조성된 롱우드 가든 '아이디어 정원'의 늦은 오후 풍경

쁨도 있지만, 다른 방문객들이 내가 만든 정원을 보면서 흡족해하는 모습을 바라보는 것도 즐겁다. 석양빛에 물든 눈부시게 아름다운 정원에 아이와 부모가 함께 있는 모습을 보면, 고국에 두고 온 가족들이 생각나 가슴이 먹먹해지는 순간도 있었다.

페레니얼가든(숙근초宿根草정원)이란?

정원을 그림에 비유한다면, 한해살이 초화류가 주를 이루는 일년초 화단Annual Bed은 일 년에 몇 차례씩 그렸다 지웠다 하는 화이트보드 위에 그린 그림이다. 반면에 여러해살이 식물들이 주를 이루는 페레니얼가든은 한번 그리고 나면 오랫동안 감상하는 그림이다. 매년 씨를 뿌리거나 묘종을 키워 화단에 심는 일년초 화단과 달리 페레니얼가든은 좀 더 장기적인 안목에서 계획을 세워야 한다. 그리고 지금 정원을 만든다고 해서 곧바로 화려한 꽃밭이 되지 않기에 어느 정도 참고 기다리는 인내심이 필요하다. 하지만 한번 안정적으로 자리를 잡고 탄력을 받아 자라게 되면 그 존재감은 분명 한해살이 식물의 정원과는 다르다. 보다 풍성하고 지속적이며 섬세한 아름다움을 사계절 동안 즐길 수 있다. 즉흥적이며 단순하고 일시적 효과를 위한 정원이 일년초 화단이라면, 페레니얼가든은 멀리 내다보는 준비와 당장 눈앞의 결과물에 조급해하지 않는 평정심이 필요한 정원이다. 또한 식물들이 대부분 늦가을부터 이듬해 봄까지 겨울잠을 자기 때문에 그 시기에 정원을 그대로 비어 있는 공간으로 놔 둘 수 있는 여유가 필요하다. 물론 선택은 정원사 자신의 몫이며, 한해살이 식물 중에도 여러해살이 식물 못지 않은 매력을 지닌 식물들이 많기에 단순히 어떤 정원이 더 낫다고 비교할 수는 없다. 일년초와 숙근초를 잘

페레니얼가든은 겨울과 여름의 모습이 극명하게 다르다. 이른 봄까지 정원에 아무것도 없다고 너무 조급해 할 필요는 없다.

섞으면 서로의 장단점을 보완하여 사계절 아름다운 정원을 만들 수 있다.

페레니얼가든의 유래와 이야기

페레니얼가든이 인기를 끌게 된 것은 윌리엄 로빈슨, 거트루드 지킬 등 가드너들의 영향이 크다. 윌리엄 로빈슨은 1870년 야생의 정원이라는 개념을 내세웠다. 그의 저서 『와일드 가든 The Wild Garden』은 기존의 권위적이고 형식적인 유럽 정원 양식과 다른, 자연스럽고 생태적인 정원을 선보였다. 1900년대 초, 거트루드 지킬은 보다 체계적으로 설계된 시골풍의 코티지가든을 유행시켰다. 낭만적이면서도 아름다운 숙근초정원에는 나무와 일년초, 구근식물을 함께 심었다. 그녀는 섬세하게 다양한 색채와 질감의 배합을 선보였다. 비타 색빌웨스트의 시싱허스트 정원 Sissinghurst Castle도 이러한 낭만적인 정원 양식의 중심에 있다. 이 정원들은 전 세계 가드너의 순례지가 되어 많은 사람들이 찾는 명소가 되었다. 마치 유명 셰프의 요리 방법처럼 이들 정원 디자이너의 식물 조합 비법은 공식처럼 많은 사람들이 그대로 따라 할 수 있는 교과서가 되었다.

한편 미국에서는 프레데릭 로 옴스테드(1822~1903) 같은 조경가가 유럽의 정원 양식을 도입하여 뉴욕 센터럴 파크 등 공공 정원과 캠퍼스, 기타 조경 설계에 큰 영향을 미쳤다. 젠스 젠센(1860~1951)은 미국의 수많은 도시와 지역 공원, 개인 사유지에 예술과 자연을 결합시킨 섬세한 정원을 만들었다. 그리고 롱우드 가든, 챈티클리어, 웨이브힐 등 미국의 대표적인 디스플레이 가든을 통해 많은 사람들이 페레니얼가든의 아름다움을 알게 되었다.

롱우드가든의 페레니얼가든

뜨거운 여름에 접어들면서 정원의 식물들은 저마다 자신이 원하는 최상의 모습을 뽐내고 있다. 어떤 식물은 주렁주렁 꽃을 달고 제 무게를 못 이겨 옆으로 한껏 몸을 기울이고 있는가 하면, 어떤 식물은 높이 2~3미터를 훌쩍 넘기며 존재감을 과시한다. 정원은 키 크고 덩치가 좋은 식물들만을 위한 공간은 아니다. 식물들 사이사이의 빈틈과 바닥은 그 공간에 살기 알맞은 식물들의 잎과 줄기로 보기 좋게 채워져 있다. 둥근 모양, 창 모양, 부드러운 잎, 거친 잎 등 서로 다른 모양과 질감과 색채의 조합은 마치 잘 만들어진 태피스트리의 정교한 문양과도 같다.

이렇게 풍성한 정원의 풍경은 불과 몇 개월 전 혹은 앞으로 다가올 몇 개월 후의 모습과는 완전히 다르다. 정원은 생각보다 빠르게 변화한다. 오늘 본 싱싱한 꽃을 다음에 또 보겠지 하고 가볍게 지나쳤다가는 일 년을 더 기다려야 할 수도 있다. 페레니얼가든은 숙근초, 즉 2년 이상 사는 여러해살이 풀 종류로 꾸민 정원을 말한다. 이 식물들은 겨울에도 죽지 않고 매년 움이 터 올라 꽃을 피우고 열매를 맺는다.

롱우드가든의 페레니얼가든은 서쪽 끝 아이디어 가든 구역에 속해 있다. 바로 옆 애뉴얼가든은 매년 새롭게 디자인되어 늘 새로운 식물들로 대체된다면, 페레니얼가든은 그곳에서 매년 피고지는 꽃들이다.

가든에 일하러 갈 때는 보통 롱우드가든 티셔츠나 후드티를 입고, 청바지에 안전화를 신는다. 전정가위와 안전 장갑, 보안경도 챙긴다. 흙과 식물을 만지며 일을 하다 보니, 늘 어느 정도의 '더러움'은 감수해야 한다. 때에 따라 무릎을 꿇고 화단 작업을 하기 때문에 바지의 무릎은 흙투성이고, 손톱에도 항상 시커먼 흙먼지가 끼어 있다. 체형이 달라서인지, 우리는 쪼그리고 앉는 자세에 익숙한 반면, 이곳 가드너들은 쪼그려 앉지 못하고 무릎을 꿇거나 엎드린 자세로 일한다. 그래서 이곳 가드너들은 무릎 패드가 필요하다. 어떤 게 좋다고 단정지을 수 없지만, 우리가 일하는 자세는 무릎이나 허리에 그리 좋을 것 같지는 않아 보인다. 이곳은 안전에 대해 지나칠 만큼 민감하다. 전정가위를 쓸 때는 꼭 안전 장갑을 착용해야 한다. 식물이나 퇴비 따위를 운반하기 위한 작업 차량을 운전할 때는 꼭 보안경을 착용해야 한다. 나무 작업을 할 때 또한 반드시 안전모를 써야 하고, 정원에서 일하는 모든 상황에서 안전화는 필수다. 처음에는 귀찮고 잘 적응이 안 되었지만, 그만큼 보호받고 있다는 생각에 마음은 한결 가볍다.

  페레니얼가든에서 하는 일은 주로 화단의 유지 관리다. 특히 봄에서 여름으로 넘어가는 사이에는 정원용 트럭으로 화단에 멀칭° 재료를 운반하는 일이 잦다. 롱우드가든에서는 멀칭 재료를 자가 생산한다. 정원 구역에서 작업 중에 나오는 모든 식물 부산물은 초본류, 목본류, 흙으로 분류되어 한 군데로 모아진다. 가령 화단에 새로운 식물을 교체하면서 나오는 시든 꽃과 나뭇잎 따위는 초본류 퇴비 더미로, 전정 작업 후에 나오는 나뭇가지들은 목본류 퇴비 더미로 모아진다. 여기서 6개월 정도 부숙 과정을 거치면 정원

° mulching. 정원의 화단 토양에 퇴비나 부엽토, 바크 등을 덮어 주어 양분을 공급하고 잡초를 방제하는 작업

화단에서 사용할 수 있는 훌륭한 멀칭 재료가 되는 것이다.

잘 부숙된 우드칩 퇴비는 삽으로 뜨면 김이 모락모락 난다. 시커먼 색깔에 한약 냄새 같은 것이 나기도 하는데, 한참 작업을 하다 보면 옷에도 그 향이 밴다. 촉촉한 수분도 담고 있어서 버킷에 담아 양팔에 들고 몇 번 운반을 하다 보면 어깨와 팔이 뻐근해진다.

페레니얼 가드닝 팁

페레니얼가든에서 가장 중요한 것은 적절한 곳에 알맞은 식물을 심는 일이다 Right Plant, Right Place!. 식물이 자랄 수 있는 환경은 아주 그늘지고 습한 곳부터 하루 종일 땡볕이 내리쬐는 건조하고 척박한 곳까지 매우 다양하다. 햇빛, 수분, 토양의 종류에 따라 자랄 수 있는 식물 종류가 다르다. 크게 보면 온대 지역, 열대 지역, 지중해 지역, 고산지대와 같이 다양한 환경에서 페레니얼가든의 모습은 전혀 다르다. 세계 여러 지역을 다니며 새로운 식물을 보는 일은 페레니얼가든을 만드는 데 좋은 공부가 된다. 새로운 곳에 가면 날씨도 다르고 거기에 적응한 식물들도 다르며 그에 따라 정원에서 이용할 수 있는 식물 소재에 대한 아이디어도 풍부해지기 때문이다.

쉬운 방법은 주로 주변 지역에서 이미 잘 자라고 있는 자생 식물들을 기본 재료로 선택하는 것이다. 여기에 비슷한 기후에서 잘 자라는 외래 식물들을 적절히 혼합하여 식재해 주면 색다른 느낌을 줄 수 있다. 지구 전체적인 차원에서 열대, 온대, 아열대 등 기후대를 고려한다면, 정원 규모에서 꼭 생각해야 하는 것은 미기후라는 것이다. 아주 크게 자라 봐야 한 평 남짓한 땅에 뿌리를 박고 쉽게 다른 곳으로 이동할 수 없는 숙근초는 자신이 자라고 있는 곳의 작은 환경 변화에도 매우 민감할 수 있다. 예를 들어 주변에 큰 나무나 건물이 있어서 하루 종일 혹은 일정한 시간대에 햇빛을 전혀 받지 못할 수가 있을 수 있다. 또는 주변보다 낮은 곳에 있어서 비만 오면 물이 고여 축축해지는 토양에서 살아야 하는 경우도 있을 것이다. 담장이나 울타리 등 주변 지형지물의 영향으로 항상 바람이 잘 불거나 혹은 공기가 정체되는 곳이 있을 수 있다. 이러한 환경이 그 식물에 잘 맞으면 상관없지만 그렇지 않은 경우에는 식물에게 치명적이다. 따라서 식물에게 맞는 환경에서 심을 곳을 생각해야 한다.

이렇게 페레니얼가든의 환경에 대해 어느 정도 감을 잡았다면 구체적으로 무엇을 심을지 목록을 작성한다. 식물 선택에서 무엇보다 중요한 것은 양지와 음지, 건조와 습지를 잘 고려해 주는 일이다. 가령 양지인데 습한 곳을 좋아하는 식물도 있고, 음지인데 건조한 곳을 좋아하는 식물도 있다. 각각의 환경 조합에 맞는 식물을 찾아서 배치하는 것이 관건이다. 비슷한 환경에서 잘 자라는 식물들을 그룹을 지어 심는 것이 포인트다. 가드너에게는 이 대목이 가장 재미있는 부분이다. 식물도감이나 인터넷을 검색하며 자신이 꿈꾸는 정원에 대해 맘껏 상상의 나래를 펼칠 수 있는 것이다. 하지만 심고 싶은 게 너무 많아 고민에 빠지기 십상이다. 그럴 때는 과연 내가 진짜로 원하는 정원의 풍경이 무엇인지 스케치를 해 본다. 그리고 그에 맞는 색깔과 모양, 질감의 식물들을 선택하여 적절히 배치하고, 각각의 식물들이 얼마나 필요한지 수량을 계산해 본다. 주의해야 할 것은 키가 큰 것들을 뒤쪽으로 심고, 작은 것은 앞쪽에 배치하는 것이다. 처음에 어린 묘종을 심을 때는 그 식물들이 어느 정도까지 자랄지 머릿속에 잘 그려지지 않기 때문에, 그 식물이 다 자랐을 때의 크기에 대해 미리 알고 있어야 한다.

　　　　사막이나 건조 지대에 사는 식물들이 아닌 이상, 일반적인 정원 식물을 위한 토양은 기본적으로 유기질 퇴비를 충분히 섞고 배수가 잘 되게 하면 큰 문제는 없다. 단 척박한 곳에 자라는 야생화 종류는 지나치게 거름기가 있으면 웃자라거나 꽃이 잘 피지 않을 수 있으므로 주의한다.

　　　　그리고 화단에 꽃을 심고 나면 반드시 멀칭을 해 준다. 주로 부숙된 우드칩 퇴비나 파쇄물을 이용하는데, 멀칭을 해 주면 일단 깔끔해 보이고 잡초를 막아 주며 적절한 보습과 거름기를 유지하는 데 큰 도움이 된다. 화단에 맨 흙이 그대로 보이는 것은 정원에 꼭 필요한 마무리 작업이 안 되었다는 것을 보여 주는 부끄러운 일이다. 식물의 종류에 따라 멀칭 재료는 자갈이나 마사토, 화산토 등 색다른 느낌을 연출하는 재료가 될 수도 있다.

　　　　또 한 가지 팁 중 하나는 지지대를 잘 활용하는 것이다. 페레니얼가든의 식물 중 일부는 키가 커져서 나중에 꽃과 열매를 달 때쯤에는 옆으로 기울어지거나 비바람을 맞고 아예 쓰러지는 경우가 생길 수 있다. 이를 방지하기 위해 꼭 필요한 것이 지지대다. 또한 덩굴식물의 경우에는 트렐리스나 아치처럼 더 특별하게 준비된 지지물이 필요하다. 식물이 다 자랐을 때 지지대를 꽂게 되면 뿌리에 손상을 줄 수도 있으므로 식물체가 아직 어릴 때 이 작업을 해 주는 것이 좋다. 처음에는 지지대가 눈에 거슬릴 수 있으나 곧 잎과 가지가 무성해지면 잘 보이지 않는다. 약간의 수고로움이 한참 동안의 즐거움으로 이어지는 것이다. 안타까운 것은 페레니얼가든에 쓸 수 있는 좋은 소재들이 많은데 이러한 지지대의 적절한 사용에 익숙지 않아서, 키 큰 식물은 무조건 쓰러져서 보기 싫다는 편견을 가지고 아예 심지 않는 경우가 많다는 것이다.

초보 가드너들은 대부분 식물들을 심어 놓고 물 관리 외에는 특별히 하지 않는 경우가 많다. 하지만 같은 식물이라도 관리법에 따라 자라는 모습이 다를 수 있다. 특히 꽃을 오랫동안 많이 피도록 하기를 원한다면 아주 쉬운 방법이 있다. 데드헤딩 Deadheading이라고 불리는 이 테크닉은 우리말로 하면 시든 꽃 따 주기 정도가 될 것이다. 먼저 봄에 새순이 올라올 때 줄기를 잘라 주면 옆으로 곁줄기가 많이 나와서 풍성해진다. 그다음 여름 내내 꽃이 필 때, 지고 난 꽃을 따 주면 계속해서 새로운 꽃이 핀다. 가을에도 마찬가지다. 해가 짧아지고 기온이 내려가면 식물은 본능에 따라 자연스레 꽃을 덜 피우고 열매를 맺으려 하는데, 그러면서 생육은 거의 멈추고 잎은 단풍이 들거나 쇠퇴하기 시작한다. 이때 열매를 맺지 않도록 계속 시든 꽃줄기들을 제거해 주면, 식물은 자신이 가진 에너지를 계속 꽃망울을 터뜨리는 데 사용하는 것이다. 이 방법은 매일매일 해 줘야 하는 귀찮은 일일 수도 있지만, 그 대가는 늦가을까지 계속되는 꽃들이 말해 줄 것이다.

페레니얼가든을 즐기는 법

페레니얼가든은 어떻게 즐기는 게 좋을까? 페레니얼가든은 봄부터 겨울까지 두고두고 감상하는 정원이다. 특히 한겨울 서리가 덮인 정원의 풍경을 마음속에 잘 담아 두었다가 그 풍경이 일 년 동안 어떻게 변해 가는지 지켜보면 놀라움을 금치 못한다. 계절마다 사진이나 동영상을 통해 잘 담아 두면 좋다. 마치

성장기의 아이가 커 가듯 정원은 한 해 동안 엄청난 변화를 보여준다. 정원을 통해 우리는 영감과 에너지를 얻을 수 있다. 올해 어떤 부분이 좋고 싫었는지 잘 기억했다가 매년 조금씩 수정해 나가면 점점 더 아름다운 정원으로 변화해 갈 수 있다. 때로는 자신이 좋아하는 식물이 잘 살지 못하고 사라지는 경우도 있고, 원치 않는 식물이 점점 더 영역을 넓혀 갈 수도 있다. 다시 한번 기억해야 할 것은 적재적소에 가장 알맞게 식물을 배치하는 일이 가장 중요하다는 사실이다.

페레니얼가든에 쓸 수 있는 소재는 주제와 콘셉트에 따라 아주 다양하다. 잘 어울리는 색깔끼리, 혹은 서로 대비가 되어 포인트가 될 만한 색깔끼리 조합하면 멋진 정원을 만들 수 있다. 굳이 꽃이 아니더라도 잎을 가지고도 좋은 효과를 낼 수 있다. 노란색 혹은 보라색, 무늬가 들어간 잎 등 꽃보다 더 아름다운 색깔과 질감을 가진 식물들이 아주 많다.

일반적으로는 계절성을 잘 나타내 주는 구근류와 함께 사초류, 관목류 등 겨울철에도 정원의 골격을 잡아 주는 식물들을 함께 섞어 심는다. 대표적인 구근 식물은 봄철 수선화 *Narcissus*와 크로커스 *Crocus*, 나리 *Lilium*, 여름철 다알리아 *Dahlia*, 상사화 *Lycoris*, 원추리 *Hemerocallis*, 가을철 나도샤프란 *Zephyranthes*과 콜치쿰 *Colchicum autumnale* 등

상단부터
◀ 에키네시아 '발솜세드' *Echinacea* 'Balsomsed' ▶ 샐비어 '빅토리아 블루' *Salvia farinacea* 'Victoria Blue'와 헬리오트로프 '아틀란타' *Heliotropium arborescens* 'Atlanta'
◀ 미국수국 '아나벨리' *Hydrangea arborescens* 'Annabelle' ▶ 무늬이삭여뀌 '페인터스 팔래트' *Persicaria virginiana* 'Painter's Palette'
◀ 무늬붓꽃 *Iris pallida* 'Variegata' ▶ 무늬둥굴레 *Polygonatum odoratum* 'Variegatum'
◀ 휴케라 '블랙베리 잼' *Heuchera* 'Blackberry Jam' ▶ 테누이시마나래새 *Stipa tenuissima*
◀ 세덤 *Sedum sieboldii* ▶ 제라늄 '앤 톰슨' *Geranium* 'Ann Thompson'
◀ 톱풀 '코로네이션 골드' *Achillea* 'Coronation Gold'와 스토케시아 '퍼플 파라솔스' *Stokesia laevis* 'Purple Parasols'

이 있다. 특히 알리움 기간테움_Allium giganteum_과 같이 키가 큰 구근류는 비눗방울이 떠다니듯 화단의 공중에 꽃을 피워 입체감과 환상적인 느낌을 더한다. 그라스와 사초류는 잎에 무늬가 들어가거나 가을철 꽃이삭이 인상적인 종류가 좋은데 이들은 다른 꽃들의 배경이 되어 주거나 이웃이 되어 한두 포기만으로도 정원에 활력을 불어넣어 준다. 기장_Panicum_이나 참억새_Miscanthus_, 풍지초_Hakonechloa_, 김의털_Festuca_, 쥐꼬리새_Muhlenbergia_, 새풀_Calamagrostis_, 나래새_Stipa_ 같은 종류를 군데군데 적절히 심어 주기만 해도 정원은 아주 자연스럽고 풍성해진다. 관목들, 특히 붉은색 잎을 가진 양국수나무 '슈어드'_Physocarpus opulifolius_ 'Seward'나 안개나무 '로열 퍼플'_Cotinus coggygria_ 'Royal Purple', 잎에 무늬가 들어가고 겨울엔 붉은 수피가 아름다운 흰말채나무 '엘레간티시마'_Cornus alba_ 'Elegantissima'처럼 중간중간 눈길을 끄는 키 작은 나무들도 정원을 더욱 풍성하게 만든다. 수국_Hydrangea_ 종류도 여름 내내 커다랗고 탐스러운 꽃을 피우고 가을, 겨울에도 마른 꽃들이 볼 만하여 꼭 필요한 관목이다. 그 외 잎의 색깔이나 질감이 예사롭지 않은 숙근초들이 많이 있다. 비교적 품종 선택의 폭이 넓은 휴케라_Heuchera_와 비비추_Hosta_ 종류만 잘 혼합해 주어도 사계절 흥미로운 페레니얼가든을 만들 수 있다. 맨 앞쪽으로 키가 낮은 식물 중에서 화단 가장자리를 넘어 길가 주변으로 자연스럽게 퍼져 나가면서 자라는 식물도 좋다. 제라늄_Geranium_이나, 솔잎금계국_Coreopsis verticillata_, 세덤_Sedum_ 같은 식물이 대표적이다.

   무엇보다 페레니얼가든의 스타 식물들은 늦봄부터 서리가 내릴 때까지 연속적으로 꽃을 피우는 종류다. 천일홍_Gomphrena_, 샐비어_Salvia_, 가우라_Gaura lindheimeri_, 톱풀_Achillea_, 다알리아_Dahlia_, 에키네시아_Echinacea_ 등이 대표적이다.

fern
passage

고사리정원

꽃을 피우지 않는
단순하고 고요한 초록 세상

자연은 순수한 잎을 위해 양치식물을 만들었다.
자연이 그쪽 방면에서 무엇을 할 수 있는지 보여 주기 위해…….

―헨리 데이비드 소로 Henry David Thoreau

고사리정원에 물을 주는 아침

밤새 고요한 어둠 속에 있던 고사리정원°의 식물들은 아침이 되면 또다시 하루 종일 수많은 사람들의 발걸음과 호흡을 견디기 위해 한껏 물을 머금을 준비를 한다. 화단을 덮고 있는 자갈들은 밤을 지내는 동안 따뜻한 온실 공기에 말라 있고, 가드너는 익숙한 손길로 호스를 길게 풀어놓고 이곳 고사리정원을 온통 물로 적셔 줄 채비를 한다.

롱우드가든에서 아침 일찍 고사리정원에 물을 주는 일은 내가 가장 좋아하는 일과 중 하나였다. 아직 사위가 어둑한 이른 아침, 기분 좋은 물소리를 들으며 덜 깬 잠에서 깨어나는 느낌이 참 상쾌했다. 그 시간은 갖가지 고사리들을 하나하나 만날 수 있는 기회이기도 하거니와, 온통 초록색으로 덮인 공간 속에서 비록 잠시 동안이지만 온전하게 나를 정화시키는 시간이었다. 물

° 고사리정원은 롱우드가든에서 '펀 패시지Fern Passage'로 불린다.

▲ 거대한 새 둥지처럼 생긴 둥지파초일엽 *Asplenium nidus*. 꼬리고사리과에 속하며 우리나라 제주도에 자생하는 파초일엽*Asplenium antiquum*과도 비슷하다.

▼ 초록으로 가득한 고사리정원의 모습. 왼쪽 창가 쪽으로 거대한 나무고사리들이 자라고 있다.

을 주고 난 후 모든 잎들이 물방울을 머금은 고사리정원의 깨끗한 풍경은 보는 이의 마음마저 어떤 새로움으로 가득 채워 준다. 가드닝의 매력은 바로 이런 느낌에 있는 것이 아닐까.

고사리정원이 있는 온실은 수많은 방으로 이루어져 있다. 여러 가지 주제로 꾸민 각각의 방은 서로 이웃해 있거나 통로로 연결되어 있다. 온실은 마치 종합 선물 세트와도 같다. 난꽃이 가득한 난 전시원의 한쪽 문으로 나서면 바나나 하우스가 있고 다른 쪽 문으로는 지중해정원이 있다. 또 한쪽으로는 아카시아 길이 온실 중앙으로 나 있고, 반대쪽으로는 통로에 조성된 고사리정원이 로즈 하우스로 연결되어 있다. 온실 속에서 이렇게 미로처럼 연결된 문과 길을 지나며 걷다 보면 방마다 정원의 풍경이 바뀌면서 눈이 호사를 누린다. 그리고 다음엔 어떤 정원이 나올까, 발걸음은 저절로 호기심 어린 기대로 한껏 들뜬다.

그중에서 고사리정원은 막간의 휴식 공간처럼 자리잡았다. 좁고 긴 통로를 따라 양쪽으로 만들어진 화단에는 바위손 등을 비롯한 키 작은 식물부터 나무처럼 자라는 나무고사리와 새 둥지처럼 생긴 파초일엽, 앙증맞은 잎들을 살랑거리는 아디안텀 등 다양한 종류의 양치식물이 있다. 벽에는 사슴 뿔 혹은 박쥐 같은 모양의 박쥐란이 걸려 있고, 천장으로부터 매달린 거대한 화분에는 넉줄고사리가 자라고 있다. 마치 온갖 화려함 속에서도 잠시 휴식이 필요하다는 듯, 고사리정원은 사방이 온통 녹색으로 가득한 초록 세상이다. 온실 안에서 이 일 저 일로 바쁜 와중에도 고사리정원을 지날 때면 왠지 마음이 편안해지고 아늑해진다. 어쩌면 고사리정원은 지친 마음을 위로해 주는 힐링 정원으로서 우리를 다독이는 역할을 하고 있을지 모른다.

고사리의 세계, 빅토리아 시대의 향수

고사리는 꽃도 피지 않고 열매도 맺지 않지만 갖가지 크기와 모양, 다양한 질감과 색을 지닌 잎들이 주는 매력은 아름다운 꽃 못지않다. 고사리 종류의 식물을 양치식물(羊齒植物)이라고 하는데 잎의 모양이 양의 이빨을 닮았기 때문이다. 3억 6000만 년 전 지구의 고생대에 처음 등장하기 시작한 양치식물은 그 후 등장한 소철류와 함께 중생대 공룡의 시대를 거치며 전성기를 구가했다. 화석에 고스란히 담겨 있는 섬세한 고사리 잎을 보면 알 수 있듯, 공룡들도 우리처럼 고사리들이 눈앞에 펼쳐져 있는 광경을 지켜보았을 것이다. 그래서인지 온갖 종류의 양치식물이 가득한 고사리정원을 보고 있노라면 이 식물들이 예사로워 보이지 않는다. 다른 많은 식물들이 생존을 위해 갖가지 형태로 진화하는 동안 양치식물은 그 모습이 거의 변하지 않았다는 점도 놀랍다. 이렇듯 고사리정원에는 지구 생태계의 아주 이른 시기부터 지금까지 꿋꿋하게 살아남은 양치식물의 단순하면서도 뛰어난 적응 전략이 숨어 있는 듯 신비로움이 가득하다.

양치식물이 사람들에게 관심을 받고 큰 인기를 끌게 된 것은 빅토리아 시대부터였다. 새로운 대륙으로의 식물 탐험이 한창이었던 19세기 초 진귀한 고사리들이 발견되어 유럽에 소개되었다. 특히 영국 출신으로 자메이카에서 외과 의사이자 식물학자로 활동했던 존 린지가 처음으로 고사리 포자를 이용하여 번식하는 방법을 알아내면서, 점점 더 많은 사람들이 고사리의 매력에 빠져들게 되었다. 또한 머나먼 대륙으로부터 채집된 고사리들은 워디언 케이스wardian case라고 하는 유리로 밀폐된 보관함에 담겨 재배될 정도로 특별한 대접을 받았다. 역시 영국 출신의 의사였던

워디언 케이스 안에서 공작고사리와 베고니아가 자라고 있다.

너새니얼 워드가 이 워디언 케이스를 처음으로 고안해 냈는데, 식물 마니아였던 그는 자신이 한참 동안 잊고 있던 밀봉 상태의 실험용 유리병 안에서 고사리가 아주 잘 자라고 있는 것을 발견하고 이 같은 식물 전용 보관함을 만들게 되었다. 당시 스모그가 극심했던 환경에서 이처럼 고사리가 아주 적은 양의 흙과 물만으로도 수분을 유지하며 잘 자랄 수 있는 것은 매우 놀라운 일이었다.

그 후 워디언 케이스는 고사리뿐 아니라 바나나와 커피나무, 차나무 등 주로 경제적 가치가 높은 식물들을 비롯한 온갖 희귀 식물들을 배로 운반하는 데 혁신적으로 이용되었다. 커다란 유리와 견고한 틀로 이루어진 워디언 케이스는 배의 갑판에 고정시킬 수 있고, 항해 중 파도의 비말을 막아 줄뿐더러 거의 물을 주지 않아도 되기 때문에 식물들이 아주 좋은 상태를 유지하며 이동할 수 있었다. 워디언 케이스는 그 뒤 원예 애호가들이 즐겨 사용하기 시작했던 테라리움terrarium의 시초가 되기도 했다.

꽃을 피우지 않는 고사리의 매력은 잎이 전부라 해도 과언이 아니다. 하지만 잎만으로도 고사리는 충분히 제 역할을 다한다. 잎이 펴지기 전 고사리 잎은 대부분 동그랗게 말려 있다가 마치 새의 깃털이 펴지듯 점차 놀랍도록 섬세한 모습으로 펼쳐진다. 이 원초적인 아름다움과 함께 고사리는 생명력이 강하고 적응력도 뛰어나다. 어떤 고사리는 다른 식물이 자라기 힘든 그늘진 곳이나 척박한 곳에서도 잘 자란다. 고사리는 높은 산 암벽에서 자라는 종류부터 뜨거운 열대 숲에서 서식하는 종류까지 남극을 제외하고 지구상에 살지 않는 곳이 거의 없을 정도로 다양한 환경에 적응하였다. 정원의 소재로서 고사리 잎은 무수히 다양한 녹색의 톤을 보여 줄뿐더러, 어떤 고사리들은 은색 또는 분홍색, 구

▲ 영명으로 곰의발고사리 bear paw fern라는 이름을 가진 아글라오모르파 스플렌덴스 *Aglaomorpha splendens*

▼ 솔잎란 *Psilotum nudum*

▲ 덩굴식물처럼 줄을 타고 올라가는 실고사리의 일종인 리고디움 플렉수오숨 *Lygodium flexuosum*

▼ 코발트 색의 독특한 잎을 가진 미크로소룸 타일란디쿰 *Microsorum thailandicum*

구릿빛 새잎을 펼치고 있는
블레크놈 브라실리엔세 '크리넘'
Blechnum brasiliense 'Crispum'

리색 등 독특한 색을 지니고 있다.

이런 이유들로 고사리는 정원의 곳곳에 다양하게 쓰이는데, 특히 벽을 세워 식물로 장식하는 월 가든wall garden과 걸이용 화분hanging basket에 많이 이용된다. 습한 토양이나 연못 주변에서는 청나래고사리*Matteuccia struthiopteris*와 야산고비*Onoclea sensibilis*, 왕관고비*Osmunda regalis* 등 시원스럽게 자라는 고사리를 쓸 수 있고, 추운 겨울에도 푸른 잎을 달고 있는 고사리를 원한다면 크리스마스고사리*Polystichum acrostichoides*와 도깨비쇠고비*Cyrtomium falcatum* 등을 이용할 수 있다. 겨울철에 잎이 지는 고사리는 이른 봄 숲속에서 봄꽃들 사이로 새잎이 올라와 자연스럽게 숲 바닥을 채우며 우드랜드의 참맛을 보여 준다.

고사리정원의 하루

고사리는 대부분 수분을 좋아하기 때문에, 롱우드가든에서 이른 아침 고사리정원에 물을 주는 것은 필수 일과 중 하나다. 고사리가 빼곡한 화단에 물줄기를 시원스레 뿜어 주다 보면 어린 시절 호스를 들고 물놀이를 할 때처럼 신이 난다. 하지만 화단뿐 아니라 천정에도 매달려 있는 엄청나게 큰 고사리 화분들에 물을 주는 것은 생각보다 쉽지 않다. 내 키보다 훨씬 높은 그 화분들에 물을 주기 위해 팔을 있는 대로 뻗고 물을 주다 보면 도리어 위로부터 쏟아지는 물을 흠뻑 뒤집어쓰기 일쑤다. 그래서 고사리정원에 물을 줄 때는 아예 장화를 신는다. 1952년에 만들어진 초대형 크기의 토끼발고사리 메이저*Davallia fejeensis* 'Major' 걸이용 화분은 지름이 3미터 가까이 되는데, 다행히 자체적으로 자동 관수 시설을 설치해 놓았다. 이 거대한 바스켓 아래로는 수많은 뿌리들이 얽히고 섥혀 있어 마치 초록색 섬이 공중에 떠 있는 것 같다. 이렇게 매일 아침 물을 한껏 머금은 고사리정원은 온실 속의 거대한 천연 가습기 역할을 하며 하루 종일 그 싱그러움을 유지한 채 수많은 관람객을 맞이할 준비를 마친다.

고사리정원에는 특별히 눈에 띄는 식물들이 있다. 그중 나무고사리*Cyathea* 또는 *Dicksonia*는 소철이나 야자와 비슷한 모습으로 마치 나무처럼 높이 자라며, 넓게 펼쳐지는 잎이 매우 부드럽고 섬세하여 우아한 매력을 발산한다. 따뜻한 느낌의 잔털과 나무껍질 같은 표피로 뒤덮인 줄기의 끝에서 마치 아기가 태어나듯 동그랗고 거대한 새순이 올라와 펴지는 모습은 신비하고 경이롭기까지 하다. 죽은 후에도 오랫동안 그 특유의 질감을 유지하는 나무고사리의 줄기는 다른 착생 식물을 부착하거나 정원을 꾸미는 고급 원예 소재로도 많이 쓰인다. 나무고사리는 공중 습도가 높은 환경에서 새순이 나오는 부분에 물을 너무 많이 주면 그 속에 있는 새순이 썩을 수도 있기 때문에 줄기의 몸통에만 가볍게 샤워시키듯 물을 뿌려 주는 것이 좋다. 아주 높이 자란 나무고사리의 오래된 잎들은 조금씩 밑으로 처지게 되는데 가끔씩 이런 잎들은 아주 기다란 장대 같은 전지톱으로 잘라 준다. 온실의 한가운데서 이런 일을 하다 보면 관람객들은 신기한 눈으로 가드너가 하는 일을 지켜본다. 아마 식물원이 아니라면 보기 힘든 광경일 것이다. 한번 작업할 때마다 자른 잎들이 손수레 몇 차를 가득 채울 정도니 열심히 무럭무럭 키우고 그만큼 관리를 해 주는 일들은 오직 정원에서 가드너의 손에 의해서만 가능하다. 정원은 야생의 자연 상태가 아닌 인위적인 환경이기에 식물은 가드너의 보살핌으로 그만큼 자신이 보여 줄 수 있는 최고의 아름다움을 선보일 수가 있다.

고사리정원에는 또 다른 종류의 특이한 식물이 있다. 우리나라에서 박쥐란이라고 불리는 이 고사리는 이름 그대로 박쥐를 닮긴 했는데, 영명으로는 사슴뿔 고사리staghorn fern라고 불린다. 속명인 플라티세리움Platycerium 역시 그리스어로 뿔을 뜻한다. 이 고사리는 땅에서 자라지 않고 큰 나무에 붙어서 자라는 착생식물이다. 다른 물체에 붙어 양분과 수분을 저장하는 역할을 하는 둥그렇고 납작한 잎과, 두 갈래의 커다란 뿔처럼 생겨 포자를 생산하는 잎, 두 가지가 있는데, 이렇게 다른 고사리와 다른 특이한 모양으로 많은 인기를 끌고 있다. 자연 상태에서 어떤 종은 크기가 가로 세로 1미터 가까이 자랄 정도로 거대하다. 박쥐란은 주위에 충분한 공중 습도가 유지되면 그것으로 충분히 살아갈 수 있기 때문에 물을 주는 것은 일주일에 한두 번 정도로 족하다. 가정 원예 식물로 박쥐란을 가꾸는 방법은 충분한 양의 이끼 위에 박쥐란을 얹어 적당한 크기의 나무판 위에 고정시키는 것이다. 벽에 걸어놓으면 마치 근사한 액자처럼 보인다.

고사리의 사촌뻘 되는 식물들도 고사리정원에 함께 살고 있다. 석송류 또는 영어로 클럽모스clubmosses라고 부르는 이 식물들은 고사리 못지않게 오래전부터 번성했는데, 석탄기에 널리 분포했던 이들의 잔해가 엄청난 양의 석탄으로 남게 되었다. 원시 숲의 아름다움을 전해 주는 이들은 이끼처럼 생긴 잎을 가졌지만 이끼류가 아니며, 포자로 번식하지만 양치식물이 아니다. 클럽모스는 주로 습기가 많은 곳에서 잘 자라기 때문에, 재배 온실에 있는 클럽모스는 하루 한 번씩 물이 담긴 양동이에 담갔다가 꺼내 준다. 그 작은 식물을 일일이 목욕시켜 주다 보면 팔도 아프고 허리도 아파 오는데, 자연 상태가 아닌 인공 환경에서는 그만큼 정

박쥐란의 한 종류인 플라티세리움 힐리아이 *Platycerium hillii*. 박쥐란은 각각 역할이 다른 두 가지 형태의 잎을 가지고 있다.

성을 들여야 잘 키울 수 있다는 것을 다시 한번 깨우치게 된다. 놀랍게도 클럽모스의 노란색 포자는 인화성 물질로서 불꽃놀이에 이용될 만큼 화력이 세다.

    이렇게 놀라운 내력을 지닌 식물들이 어우러진 고사리정원의 가장 큰 매력은 이 식물들이 우리가 상상도 할 수 없는 오랜 세월 동안 변하지 않은 어떤 아우라를 지니고 있다는 점이다. 그들이 선사시대와 똑같은 모습으로 우리 곁에 존재한다는 것만으로 마치 우리가 그 오랜 시간 동안 그들이 거쳐 온 시간의 흐름을 느낀다고 할까. 그리고 그렇게 살아남은 것이 절대로 복잡한 기교와 화려함이 아닌, 그들만의 단순하고 소박한 라이프 스타일에 기인한다는 것이 마음을 사로잡는다. 고사리는 대부분 관리가 많이 필요하지 않고 병충해도 적은 편이라 다른 식물과도 잘 어울어진다. 가을철에는 국화와 함께, 그리고 크리스마스 철에는 포인세티아 등 겨울 식물들과 함께 멋진 정원을 장식하는 식물로 사랑을 받는다.

가드너의 여름

미국 롱우드가든,
국제 정원사 양성과정을 시작하다

06/04 금

롱우드가든에서의 첫날

워싱턴 공항의 자동티켓머신에서 보딩패스를 출력하고 다시 23kg 수하물 두 개를 부친 후 탑승 수속을 밟았다. 필라델피아까지 비행시간은 한 시간도 채 걸리지 않았다. 필라델피아 공항에서 리사를 만났다. 그녀는 나와 같은 국제 정원사 양성과정을 밟고 있는 교육생이었다. 차를 타고 약 50킬로미터를 달려 꿈에 그리던 롱우드가든에 도착했다. 오면서 이런저런 대화를 나눴는데, 현지에서 처음으로 영어로 나누는 대화가 생각보다 불편하지는 않았다. 리사는 아일랜드 출신 영국인으로 여기 교육을 마친 후 영국으로 가서 일자리를 찾아볼 계획이라고 했다. 롱우드에 도착해서 교육생 인사 담당자 재닛을 만났고, 바로 기숙사 건물로 이동하여 방을 배정받고 여장을 풀었다. 보급품인 이불과 베개, 수건 따위를 받고 사인을 했다. 몇 가지 이야기를 해 주었는데 아직 귀가 익숙지 않아 잘 알아듣지 못했다. 독채로 되어 있는 2층짜리 기숙사 건물은 길을 따라 똑같은 모양으로 여러 채가 있었고, 롱우드가든과 바로 이어지는 뒷길로 연결되어 있었다. 부엌과 욕실, 세탁실, 거실은 공용이고 2층에 있는 네 개의 방은 개별 공간이었다. 놀랍게도 에어컨은 없었고, 사각형의 대형 선풍기가 창문에 걸쳐 있었다. 재닛과 헤어지고 기숙사에 혼자 남았는데, 이상한 기분이 들었다. 여기서 1년을 어떻게 생활한다? 잠시 후 데이비드라는 젊은 남자가 들어왔는데 간단히 인사를 나누자마자 다른 일로 바쁜 듯 다시 밖으로 나갔다. 그 사이 나는 방을 대충 청소하고 짐을 모두 풀어 정리했다. 다행히 인터넷은 와이파이가 되는데 암호를 입력하게 되어 있었다. 5시 30분쯤 너무 배가 고파 햇반과 라면 하나를 들고 1층 주방으로 내려갔다. 찬장을 열어 보며 냄비를 찾는데 데이비드가 다시 돌아왔다. 물은 어떻게 먹는지, 식기나 기타 도구 사용 등에 대해 간단히 이야기를 듣고 인터넷 암호도 물어보았다.

기숙사 바로 근처에는 텃밭이 있었다. 데이비드가 속해 있는 2년 코스 프로페셔널 가드너 양성과정 교육생들이 그곳을 관리한다. 팀이라는 이름의 또 다른 교육생이 웃통을 벗고 일하고 있었는데, 체격이 좋고 머리가 긴 전형적인 미국 청년 스타일이었다. 저녁 8시에는 교육생들끼리 파티가 있다고 했는데, 너무 피곤해서 참석해야 할지 말아야 할지 고민이 되었다. 데이비드가 롱우드가든을 간단히 둘러보자고 해서 작업용 차량을 타고 한 바퀴 돌았다. 사진으로만 보던 롱우드가든을 드디어 실제로 보게 된 것이다. 난생처음 보는 새로운 정원의 세계에 눈과 마음이 활짝 열렸지만 오늘은 일단 대충 둘러보고 다시 기숙사로 돌아왔다. 햇반과 라면을 끓여 먹고는 다시 2층 내 방으로 돌아와 짐을 마저 정리한 후 침대에 누워 잠시 눈을 붙였다. 잠결에 1층에서 여자들과 남자들이 이야기하는 소리가 났고 그릇 달그락거리는 소리와 웃음소리가 들려왔다. 아까 말한 파티를 하는 모양이었다. 내려가 볼까도 생각했지만 몸이 움직여지지 않았다. 어느덧 캄캄해진 방에서 계속 눈을 붙였지만 시차 적응 때문인지 잠도 오지 않았다. 앞으로 정말 잘 이겨 낼 수 있을까. 옷도 갈아입지 않은 채 땀에 꿉꿉한 몸으로 잠들어 개운하지도 않았다. 나는 책상에 앉아 이것저것 다시 정리하기 시작했다. 아내에게 편지가 와 있었고, 울컥 그리움이 온몸을 휘감았다. 아내가 너무 보고 싶었다.

06/05 토

황홀한 산책

아침에 일어나 아내와 스카이프 통화를 했다. 헤어진 후 처음으로 연결이 된 터라 너무나 반갑고 신기했다. 아내와 여섯 살 딸아이는 너무 사랑스럽고 예뻤다. 제주는 토요일 저녁이었다. 사진기를 챙겨 밖으로 나섰다. 어제저녁에 잠깐 둘러보았지만, 오늘은 자세히 구석구석 살펴볼 요량이었다. 아침 햇살은 참 좋았는데 시간이 갈수록 햇볕이 따가워 선크림을 충분히 바르지 않은 것이 신경 쓰였다. 숙소가 있는 지역에서 롱우드가든으로 가는 숲길을 지나며 이곳이 바로 100년 전 제재소 공장이 될 뻔한 곳을 피에르 듀퐁이 매입하여 살린 곳임을 상기했다. 굵고 키가 큰 나무들이 하늘을 찌를 듯이 솟아 있는 숲길을 지나자 피에르 듀퐁의 저택이 나왔다. 그리고 이어 롱우드가든의 전시 지역이 펼쳐지며 많은 관람객들이 보이기 시작했다. 오전 10시경부터 12시 정도까지 구석구석을 다니며 사진을 찍었다. 곳곳에 수많은 가드너들의 손길이 느껴졌다. 테라스 레스토랑에서 반쪽짜리 샌드위치와 주스를 사 먹고, 샐러드와 칩은 저녁에 숙소에서 먹기 위해 가방에 챙겨 넣었다.

　　　　　　온실을 둘러보니 여미지식물원이 처음부터 롱우드가든에서 많은 아이디어를 얻지 않았나 싶을 정도로 비슷한 부분도 있었지만, 온실의 디스플레이는 확실히 차이가 났다. 계속해서 사진을 찍고 자세히 살피며 하나하나 구경하는 것이 너무 새롭고 좋았다. 수련과 수생 식물을 전시한 연못은 정말 감동적이었다. 이제 조금 있으면 내가 저 연못에 들어가 작업을 하면서 이것저것 알게 될 것을 생각하니 설레었다. 온실을 구경하는 데 많은 시간이 소요되었지만, 몸이 지치지 않았다면 더 자세히 보고 싶은 마음이 들었다. 영국의 큐가든이나 위슬리보다는 규모나 식물의 컬렉션 면에서 조금 뒤처진다는 감도 있었지만, 전시에 있어 특화되어 있다는 걸 느꼈고, 그것이 피에르 듀퐁의 설립 목적과 오랜 전통에서 비롯되었다는 것을 알게 되었다. 숙소에 돌아오자마자 샤워를 하고 사진을 정리한 후 아내와 다시 스카이프 통화를 했다. 그냥 보고만 있어도 시간 가는 줄 몰랐다. 이제 이틀이 지났는데 1년을 어떻게 참을까. 한 번도 사용해 보지 않은 미국식 세탁기와 건조기를 용기 내어 사용해 보았다. 며칠 새 쌓인

옷들과 새로 지급받은 샤워용 타월을 같이 넣고 세탁을 했는데, 온통 흰색 보풀투성이가 되었다. 그대로 건조기에 넣고 건조를 시작했는데, 생각보다 오래 걸릴 것 같았다. 재닛에게 제출할 서류를 정리하다가 11시쯤 잠이 들었다. 조만간 시작될 프로그램 일과의 적응을 위해서라도 내일부터는 일찍 일어나는 체제로 가야 할 듯싶다.

06/06 일

새로운 친구들

아침 5시 30분에 기상하여 샤워를 하고 빨래를 확인했다. 건조는 완벽하게 되어 있었고 보풀도 거의 제거되어 있었다. 건조기 상단에 탈부착식으로 되어 있는 먼지 집진기를 빼내어 보니 보풀이 아주 많이 쌓여 있었다. 빨래를 정리하고 육개장 팩을 풀어 국을 끓이고 햇반을 말아 아침을 먹었다. 아내와 다시 통화를 하고 재닛에게 제출할 서류를 마저 정리하다 보니 벌써 점심시간이 되었다. 이틀째 혼자 지내니 그냥 답답하기도 하고 무엇보다 간식거리는 고사하고 먹을 것이 점점 떨어져 간다는 생각에 마음이 편치 않았다. 전에 나처럼 롱우드를 다녀간 선배들은 어떻게 식사를 해결했을까. 큰 목표와 비전도 중요하지만 생활 속의 사소한 문제들도 꽤 신경이 쓰이는 일이다. 데이비드를 만나 마트에 가는 문제를 빨리 상의하고 싶은데, 아마도 저녁에나 오지 않을까 싶다. 롱우드에서 진행되는 여러 교육 프로그램에 관한 카탈로그도 살펴보았다. 나 같은 교육생들은 저렴한 값에 강의를 들을 수 있어서 몇몇 프로그램을 신청할 생각이다. 옆방에 인기척이 나서 잠시 나가 보니 주방에 여자가 와 있었는데, 인사를 건네니 자기는 옆방 네이트의 여자친구라 했다. 네이트 역시 프로페셔널 가드너 교육생 중 하나다. 데이비드를 비롯해 모두 아주 젊어 보이는 것으로 보아 대부분 교육생은 고등학교를 갓 졸업했거나 그보다 조금 많거나 한 것 같다. 즉 나와는 15년 이상 나이 차가 난다는 얘기인데, 착각인지 모르지만 왜 내가 더 어리게 느껴지는 걸까. 아무튼 약간 지루한 일요일 오후 시간이 얼마간 흘렀고 다시 밖에서 인기척이 났다. 나가 보니 데이비드가 와서 주방을 정리하고 있었다. 안 그래도 이 하우스는 전체적으로 매우 지저분한 상태였고 특히 바닥에는 개미들이 우글거렸다. 반갑게 인사를 건네고 같이 청소를 시작했다. 혼자 할까 했는데 그래도 데이비드가 시작해 주어 다행이라는 생각이 들었다. 데이비드는 열아홉 살인데 역시 그보다는 나이가 훨씬 있어 보였고 자신도 그것을 시인했다. 데이비드는 그동안 이 하우스에 어느 누구도 청소를 하지 않았다고 말했고, 나는 다른 하우스메이트들을 아직 보지 못한 상황이어서 그렇게 다들 청소를 하지 않는 이유가 이해되지 않았다. 너무 어려서들 철이 없는 것인지, 아니면 서로 미루어 왔던 건지, 아니면 일하고 공부하느라 다들 바빠서인지……. 아무튼 두 시간 가까이 주방이며, 거실 바닥이며, 세탁실과 화장실을 말끔히 청소하고, 데이비드는 내친김에 싱크대에 있는 모든 그릇과 냉장고까지 손을 대고 말았다. 점심을 라면 하나로 때웠더니 저녁 6시 반쯤 되니까 매우 배가 고팠다. 데이비드는 고맙게도 마트에 함께 가지 않겠냐고 물었고 나는 흔쾌히 대답했다. 한국 식재료를 파는 곳은 이곳에서 45분 거리에 있어 오늘 말고 다음에 가고, 가까운 마트에 가기로 했다. 먼저 생필품 위주로 파는 월마트에 가서 세제와 드라이기, 봉걸레, 소형 스피커 등을 구입하고, 근처의 식료품 전문 마트에 가서 채소와 빵, 고기, 주스, 계란 등을 구입했다. 맥주는 또 다른 곳에 가야 한다고 해서 그곳을 찾아갔는데, 오후 5시에 문을 닫아 버린 상황이었다. 여기는 허가된 곳에서만 주류를 팔고 주류도 맥주 따로 일반 알코올류 따로 판매를 한다고 했다. 숙소로 돌아오니 거의 8시가 다 되었는데도 아직 날은 훤했다. 맥주를 못 산 아쉬움을 달래 주고 싶었는지 데이비드가 맥주 한 병을 냉장고에서

꺼내어 건네주었다. 새우깡을 안주 삼아 간단히 마시면서, 매운 낙지덮밥을 같이 먹자고 했다. 한국 음식을 좋아하는 데이비드는 흔쾌히 좋다고 했고 나는 한국에서 가져온 낙지덮밥 소스와 햇반, 조미 김 등을 챙겨 조촐한 저녁을 준비했다. 데이비드는 아스파라거스 요리를 해 주었다. 저녁을 먹으며 이런저런 얘기를 나누었는데, 데이비드는 이곳을 수료한 후 디즈니랜드나 다른 큰 국립공원에서 일하고 싶다 했다. 먼 이국 땅에서 친구를 만난 것 같아 기분이 좋았다.

06/07 월

자유 시간

새벽 3시 반쯤 눈을 떴다. 밤에 너무 피곤하여 쓰려져 잠이 들었다가 새벽에 깨는 패턴이 반복되고 있다. 다시 쉽게 잠이 올 것 같지 않아 노트를 펼쳐 들고 앞으로의 계획을 점검했다. 역시 궁극적으로 어떤 목표를 가져야 할지가 명쾌하게 풀리지 않는 부분이고, 그것이 바로 내 근본적인 피곤함의 원인인 것 같았다. 하루 일과표도 작성해 보았다. 5시에 기상하여 밤 11시에 취침하는 것을 기본으로 하면 될 듯싶었다. 4시가 좀 넘어 다시 잠시 눈을 붙이려고 누웠지만, 역시나 잠이 오지 않았다. 곧 다시 일어나 주방으로 내려갔다. 어제 데이비드가 준 원두커피를 커피머신으로 내려서 마셔 보고 싶었다. 필터가 어디 있을까 여기저기 찾아보았는데 데이비드가 나를 위해 비워 둔 찬장 한 켠에 있었다. 커피를 내리면서 어제 사다 놓은 채소도 손질해서 용기에 담아 둘까 하다가 아예 아침을 차려 먹기로 했다. 계란을 꺼내 프라이팬에 올려놓고 호밀빵을 토스트기에 넣었다. 블루베리잼과 샐러드 소스, 오렌지주스를 꺼내 식탁 위에 상을 차려놓고 보니 나름 꽤 근사한 아침상이 되었다. 새벽빛이 스미는 창밖으로 산딸나무 꽃이 만개한 정원의 풍경이 아름다운 아침이었다. 아침을 먹고, 데이비드는 7시쯤 근무를 나가고 나는 8시쯤 재닛의 사무실을 찾아갔다. 재닛은 내일 오리엔테이션이 있을 것이고 오늘까지는 자유 시간이라 했다. 먼저 전정가위와 장갑, 보호안경 등을 챙겨 주었다. 그리고 도서관에 가 보라고 추천해 주었다. 재닛의 사무실이 있는 건물에 도서관이 있었고 나는 그곳에 가서 책을 둘러보았다. 사서 한 명과 인턴 한 명이 상주하고 있었다. 그리 큰 규모는 아니었지만, 분류가 잘 되어 있었고, 식물과 정원에 관한 한 웬만한 책들은 거의 소장되어 있었다. 서가에 꽂힌 책들을 죽 둘러보고 난 뒤 직원과 이야기를 나누었는데, 원하는 책을 4주간 빌려 갈 수 있다고 해서 몇 권을 골랐다. 다시 숙소로 돌아와 11시 반쯤 어제 산 소고기로 스테이크를 만들어 먹었다. 거의 다 먹었을 무렵 새로운 교육생이 도착했다. 제이크라고 하는 덩치 좋은 미국인인데 아버지와 같이 온 모양이었다. 짐이 아주 많았고, 주방 찬장의 빈 공간도 금세 차 버렸다. 주말에 혼자 있을 때는 몰랐는데 점점 적응해야 할 상황이 많아지고 있었다.

저녁에는 파티가 있을 예정이었다. 포틀럭potluck 파티로 각자 해 온 요리를 같이 나눠 먹는 것이다. 데이비드는 스페인 요리를 두 가지 정도 하고 럼주와 민트로 칵테일을 만들었다. 바로 옆 하우스에서 파티를 했는데, 여름에 3개월 동안 롱우드에서 실습 과정을 하기 위해 온 교육생들과 나 같은 인터내셔널 과정, 그리고 2년짜리 프로페셔널 가드너 과정에 참여하는 교육생들이 모였다. 다들 젊어서인지 미국 학교의 파티 분위기를 느낄 수 있었다. 모두 각자 음료를 들고 서서 음식을 먹으면서 대화를 나누는데 밝고 즐거운 분위기였다. 한쪽에서는 퐁이라는 게임을 하는데 테이블 위 양쪽에 맥주컵을 각각 6개씩 놓고 번갈아 가며 그 컵에 탁구공을 던져 집어넣는 게임이었다. 원래 규칙은 탁구공이 들어간 맥주 컵을 원샷하는 것이다. 다들 인사를 나누고 게임도 같이 하고 10시 30분쯤 방으로 돌아오니 너무나 피곤해서 쓰러져 잠이 들었다.

06/08 화

오리엔테이션

새벽에 잠이 깼다가 다시 잠이 들었지만, 오늘도 아침에 5시가 좀 넘어 눈을 떴다. 8시에 오리엔테이션이 있을 예정이어서 샤워를 하고 준비를 했다. 아침은 호밀빵과 계란 프라이, 샐러드, 주스를 먹었다. 잠깐 메일 확인을 하니 지인들한테 보낸 메일에 반가운 답장들이 와 있었다. 출판사 선배는 내가 많이 부럽고 스카이프로 가끔 통화를 하자는 내용이었고, 정원 디자이너 A 씨는 영국에서 원예와 조경인들을 위한 커뮤니티를 만들 예정이며 내가 미국 쪽을 맡아도 좋을 것 같다는 내용이었다. A 씨는 참 에너지와 아이디어가 넘치는 사람이라는 생각이 다시 한번 들었다. 7시 40분쯤 준비를 하고 방을 나섰다. '레드 라이언 로Red Lion Row'라고 불리는 이곳은 각각의 하우스마다 3~4명의 교육생들이 머물고 있으며, 건물마다 고유의 식물 이름과 함께 호수가 매겨져 있다. 내가 머무는 집은 66호다. 8시에 55호 앞에 모두 모여 재닛의 인솔하에 봉고차를 타고 오리엔테이션 장소로 향했다. 서류를 작성하고 물품을 지급받고 여러가지 설명을 들었는데, 일상적인 대화와 달리 잘 알아듣기가 힘들었다. 아이피엠IPM, Integrated Pest Management이라는 통합병해충관리 담당자의 교육도 있었고, 롱우드가든의 교육을 총괄하는 팀장님의 교육도 있었다. 라임 디지즈라는 병이 있는데, 벼룩처럼 작은 벌레에 의해 감염되는 무서운 병이라는 설명과 함께 아침저녁으로 샤워를 하면서 항상 자기 몸을 잘 체크해야 한다고 했다. 점심은 롱우드가든 레스토랑에서 다 같이 먹었고, 오후에도 계속해서 안전교육 등을 받고 원내 패스카드 등을 지급받았다. 오후 4시쯤 일정이 끝나고 자르넬, 톰과 함께 조용한 숲길을 지나 숙소로 돌아왔다. 톰이 포이즌 아이비라는 식물을 알려 주었는데, 아마 독성이 센 식물인 듯싶었다. 자르넬은 이곳이 천국 같다고 했다.

열 살 난 딸이 있고 크리스마스 무렵 식구들이 이곳을 방문할 예정이라 했다. 긴 수염에 터번과 긴팔 스웨터를 입은 자르넬은 전형적인 인도 사람이었는데 발음은 많이 인도스러웠지만 영어 소통에는 전혀 문제가 없어 보였다. 이번 교육생들 중에서 나 혼자만 비영어권이어서 앞으로 커뮤니케이션이 심히 걱정이 되었지만, 앞으로 조금씩 나아지지 않을까 생각했다. 자르넬과 함께 리사의 인솔하에 마트에 갔다. 엊그제 갔던 슈퍼푸드라는 그로서리에 가서 빵과 시리얼, 우유 등을 사 가지고 왔다. 몹시 피곤하여 침대에 누워 잠시 눈을 붙이고 7시쯤 일어났다. 피로감 때문인지 몸도 마음도 매우 우울했다. 또 저녁을 챙겨 먹어야 하니 일단 주방으로 내려갔다. 쌀을 파는 한국 그로서리에는 아직 가지 못한 상황이어서 나는 데이비드에게 쌀을 조금 사기로 했다. 큰 락앤락 통을 들고 데이비드에게 가서 10달러를 주면서 쌀을 좀 얻고 밥솥을 사용할 수 있겠냐고 물었다. 데이비드는 돈을 받지 않으려고 했지만, 나는 미안해서 그러니 일단 받고, 한국 그로서리에 갈 때 같이 가자고 말했다. 다시 주방으로 내려왔는데 제이크가 어디를 다녀왔는지 운동복 차림으로 들어왔다. 큰소리로 핸드폰 통화를 하며 저녁을 차리기 시작했다. 나는 제이크가 주방을 다 사용한 후 다시 와야겠다 싶어 다시 2층 내 방으로 올라왔다. 이래저래 피곤하다는 생각이 들었다. 잠시 후 다시 주방으로 내려갔는데 이번에는 데이비드와 에린이 주방에서 시시덕거리며 저녁을 준비하고 있었다. 저녁으로 간단히 햇반과 덮밥을 먹으려 전자렌지를 사용하려 했는데 전기가 나가 작동하지 않았다. 할 수 없이 냄비에 물을 끓여 햇반과 소스를 데우고 토마토와 채소로 샐러드를 준비했다. 에린이 맥주를 권했고, 나는 흔쾌히 받아 마시며 잠시 대화를 나눴다. 에린은 여행을 좋아해서 태국에서 8개월간 아이들 영어 교사로 생활하기도 했고 앞으로도 계속 여행을 할 거라고 말했다. 데이비드와 비슷한 생각을 갖고 있는 것 같았다. 데이비드가 치킨과 밥을 이용해 볶음밥을 만들었고 두 사람은 바깥으로 나가 식사를 시작했다. 나는 저녁을 마저 준비했고, 거실 식탁에서 후딱 먹어 치우고는 방으로 올라왔다. 밑에서 들리는 커다란 음악 소리와 옆방에서 들리는 제이크와 여자친구의 대화 소리, 모든 것이 내 마음을 심란하게 만들었다. 아까 마트에 다녀오면서 리사가 한 말이 생각났다. 내가 머무는 하우스에서는 아마 파티가 잦을 것이니 정 불편하면 다른 하우스로 옮겨달라고 재닛에게 말하라는 것이었다. 아무튼 조금 더 생활해 보고 생각을 해 봐야겠다.

06/10 목
필드트립

아침 8시 반경 기숙사 입구에서 교육생들이 모두 모여 차량 3대에 나누어 타고 필드트립을 떠났다. 가는 길에 휴게소에 들러 음료와 간단한 간식을 사 먹고, 1시간 20분 정도 걸려 찾아간 곳은 래듀 토피어리 가든Ladew Topiary Gardens이라는 정원이었다. 분위기가 괜찮았고 콘셉트도 재미있는 게 많았다. 토피어리는 살아 있는 나무나 풀을 다듬질해서 동물과 같은 어떤 형상을 갖도록 만드는 것을 말한다. 예전에 이 식물원을 만든 사람이 사냥을 좋아해서, 입구 쪽에는 말을 탄 사냥꾼이 사냥개들과 함께 여우를 쫓는 장면을 토피어리로 만들어 놓았다. 넓은 잔디광장 주변을 둘러싼 커다란 생울타리들이 물결치는 모양으로 다듬어져 있고, 그 위에 백조들이 떠다니는 모습도 연출해 놓았다. 서양주목 같은 나무는 잎과 줄기가 치밀해서 토피어리를 만들기에 좋다. 미리 철골로 탑 같은 구조물 프레임을 만들어 놓고 그 안쪽에서부터 나무를 키워 그 모양으로 만드는 방법도 있다.

　　삼삼오오 토피어리 가든을 둘러보는 교육생들의 모습도 가지가지다. 아주 젊은 친구들부터 내 또래 사람들까지, 인도와 중국, 한국, 영국, 스페인 등 대륙을 넘나드는 국제 교육생들과, 미국 본토에 사는 프로페셔널 가드너 지망생들이 함께 모이니 제법 괜찮은 그룹이 형성되었다. 오늘 첫 필드트립은 느낌이 참 좋았고 이들과 앞으로의 여정도 기대가 크다.

06/11 금

한국 마트에 가다

오전 9시쯤 재닛 동행하에 자르넬, 톰, 제니 등과 작업화를 구입하러 롱우드에서 꽤 먼 곳까지 갔다. 각각의 발 치수도 정확하고 꼼꼼하게 재어 주고 발에 꼭 맞는 신발을 골라 주었는데, 한국과는 참 많이 다르다는 걸 느꼈다. 소비자의 욕구와 권리를 합리적으로 만족시켜 주고자 하는 데서 절로 존경의 마음이 들었다. 체중계 같은 곳에 올라서니 발바닥의 하중이 분포하는 정도가 화면에 나왔고, 가게 주인은 이것저것 과학적으로 설명을 해 주었다. 159달러 정도 하는 작업화를 구입했고, 비용은 롱우드에서 지원해 주었다. 12시쯤 다시 숙소에 돌아와서 간단히 점심을 해결하고 12시 반쯤 포팅 셰드°로 갔다. 오늘부터 일을 하기로 되어 있었기 때문이다. 온실 중앙홀 근처에서 담당자인 칼 거슨스를 만났는데, 얼마 전 운전 교습을 시켜 주던 그 직원이었다. 칼은 다른 직원과 함께 내년도 온실 전시용 식물에 대한 계획을 짜고 있었고, 나에게 오늘은 온실 밖 플라워가든 쪽에 가서 다른 교육생들과 함께 일하라고 했다. 가 보니 교육생

° Potting shed. 가드너들이 정원에 쓰일 식물들을 포트에 심고, 정원 도구와 재료들을 보관하기 위한 작업장을 말한다.

둘과 담당 가드너가 멀칭 작업을 하고 있었다. 멀칭 재료는 립 몰드leaf mold, 우리말로 '부엽토'로 작년 가을 롱우드 곳곳에서 수거된 나뭇잎들을 모아 만든 일종의 퇴비였다. 같이 일하게 된 마크라는 이름의 가드너는 처음 보는 순간 너무나 잘생기고 멋져 보여서 남자인 내가 봐도 반할 정도였다. 롱우드가든에서 처음으로 일을 시작하게 되어 모든 것이 새로웠던 나는 그에게 멀칭의 효과 등 이것저것 물어보았고 그는 친절하게 하나하나 답해 주었다. 잘생긴 사람이 인성도 좋고 아는 것도 많으니 이보다 더 좋을 수가 있을까. 햇빛은 뜨거웠고, 일을 하는 동안 땀을 많이 흘렸지만, 나에게는 롱우드가든에서 처음으로 일을 시작한 의미 있는 시간이었다. 플라워가든에서 멀칭 작업을 마치고 다시 포팅 쉐드에 가서 칼을 만난 후 숙소로 돌아왔다.

잠시 후 중국인 교육생 와이섬이 찾아와 요코와 한국 마트에 가지 않겠냐고 제의했고, 나는 선뜻 그들과 함께 나섰다. 고속도로를 타고 25분 정도 걸려 간 곳은 윌밍턴이었다. 한국 마트는 우리나라의 동네 슈퍼보다 조금 큰 정도 크기였고, 운영하는 사람들이 한국인이었다. 반갑게 인사를 나누고 쇼핑을 했는데, 상품은 그리 좋아 보이지는 않았다. '한국미'라 쓰여 있는 쌀을 골랐는데, 믿을 만한 건지 약간 미심쩍기도 했다. 양념을 몇 가지 사려는데 역시 뚜껑 위에 먼지들이 쌓여 있었고, 그릇을 좀 사려고 했으나 너무나 비쌌다. 그래도 친절하게 인사해 주고 서비스로 김치김밥까지 주어 기분은 과히 나쁘지 않았다. 하지만 좀 더 깔끔하고 산뜻하게 운영할 필요가 있을 것 같았다.

마트에 가고 오는 동안에는 요코, 와이섬과 이런저런 얘기를 나눴는데, 내가 정말 한국에서 멀리 떨어져 와서인지 중국인, 일본인이 마치 고향 사람들처럼 친근하게 여겨졌다. 요코는 20여 년 전 나와 같은 국제 정원사 양성과정의 교육생으로 롱우드가든에 왔다가 직원으로 자리잡게 되었고, 현재는 너서리°에서 책임 가드너로 일하고 있다. 요코는 해외에서 온 교육생들의 고충을 누구보다도 잘 아는지라 새로운 교육생이 롱우드가든에 오면 마치 정겨운 고향 사람처럼 이것저것 잘 챙겨 주는 누이 같은 존재이다. 와이섬은 스코틀랜드에서 태어나 플로리다에서 자란 미국 국적의 중국인으로 부모와 가족 모두 미국에서 산다고 했다. 당연히 영어가 유창했고, 아직 일본식 발음으로 영어를 사용하는 요코는 와이섬의 영어 실력을 칭찬하며 부러워했다. 다시 숙소로 돌아와 헤어지기 전 나는 요코와 와이섬에게 제주에서 가져온 엽서와 책꽂이를 선물로 주었다. 1층 거실에는 데이비드와 네이트가 있었고, 나는 말로만 들었던 네이트와 처음으로 인사를 나누었다. 역시 키도 크고 잘생겼다. 나는 김치김밥을 데이비드에게 권했고 맥주와 함께 나누어 먹었다. 오늘 오후 일이 좀 고되었는지 일찍부터 침대에 들어가 바로 곯아떨어졌다.

06/12 토

첫 주말

아침에 4시 반쯤 눈을 떴다. 어제 일찍 잠이 들었기 때문에 잠은 충분했고, 배가 좀 고팠다. 간단히 양치와 세수를 하고 컴퓨터 앞에 앉았다. 스카이프에 아내 명희가 로그온되어 있었다. 제주는 토요일 오후 6시쯤 되었으리라. 전화를 거니 명희와 딸 하민이의 반가운 얼굴이 모니터에 나타났다. 아무리 생각해도 좋은 세상이다. 한 시간 가까이 이런저런 얘기를 나누다가 배가 고파 밥을 앉혀 놓고 또 통화를 했다. 오늘은 이마

° Nursery. 원예용 식물을 키우는 비닐하우스 등 재배 시설을 말한다.

트에도 가고 내일 올레길 탐사 답사도 다녀오고 한 모양이다. 아무튼 명희랑 하민이가 저녁 먹는 것도 지켜보고, 장난도 치고 하니 시간 가는 줄 몰랐다. 나도 아침밥을 간단히 준비해서 내 방에 와서 먹었다. 카레와 오이소박이, 김과 함께 맛있게 먹었다. 여기 시간으로 아침 7시경 그리스와 월드컵 첫 경기가 있을 예정인데, 나는 인터넷 생중계하는 곳을 찾지 못했다. 대신 명희가 맥주를 먹으며 TV를 보면서 생중계를 해 주었다. 2:0으로 완승을 거두었고, 명희는 잠을 자고 나는 10시 반쯤 카메라를 챙겨들고 밖으로 나갔다. 롱우드가든으로 가서 플라워가든을 집중적으로 보았다. 프레임과 콘셉트가 얼마나 중요한지 잠시 생각해 보았다. 같은 꽃을 심어도 그냥 대충 어울리게 심는 것과 철저히 계산하여 공간을 활용하며 디자인하여 심는 것과는 천양지차이다. 그리고 식물의 이름을 적어 주고 보는 사람들로 하여금 자연스레 그 가든을 이해할 수 있도록 하는 것이 마무리 작업으로서 아주 중요한 일이다. 12시 반쯤 숙소로 돌아와 점심으로 비빔밥을 해 먹었다. 상추와 브로컬리를 채썰어 넣고, 계란 프라이를 얹고, 완두콩을 프라이팬에 살짝 볶아 넣은 뒤 고추장과 참기름을 넣고 비볐는데, 나름 괜찮았다. 점점 요리에 자신이 붙는다. 사진을 정리하고 선풍기에 낀 먼지를 청소하고, 롱우드 내부 연결망 컴퓨터를 통한 직원용 홈페이지에서 이것저것 자료를 살펴보았다. 나중에 요긴하게 쓸 만한 정보와 내용들이 많았다. 데이비드는 자신의 정원에서 늦게까지 일을 했다. 다른 프로페셔널 가드너 교육생들도 마찬가지였다. 한 여자 교육생은 주말에 다른 농장에 가서 아르바이트를 한다고 했다. 본격적으로 사회에 발을 내딛기 전 그들의 청춘을 낭비하지 않고 열심히 배우고 즐기는 여기 젊은이들이 존경스럽기까지 했다.

06/14 월

첫 출근, 롱우드 수련과의 만남

사실상 첫 출근(?)이라 할 수 있는 날이다. 김에다 밥을 싸서 오이김치에 먹고 아침 7시까지 포팅 셰드로 갔다. 칼을 만났고, 칼은 에드라는 파트타임 근무자에게 오늘 나를 데리고 일을 하라고 했다. 나는 에드를 따라 로즈 하우스로 갔다. 그곳에는 자원봉사자 둘과 리사가 함께 일을 하고 있었다. 하와이무궁화의 씨 꼬투리를 따 주고 시든 꽃과 잎을 제거하는 일부터 하고 난 다음, 브루그만시아°에도 비슷한 작업을 했다. 창가 쪽으로 페튜니아와 라벤더도 시든 잎과 마른 잎을 제거해 주었다. 9시경에는 수련 전시원 연못으로 갔다. 옷장화를 입고 작은 칼과 버킷을 하나씩 들고 물속에 들어갔다. 수련 역시 다 된 꽃을 제거해서 씨가 맺히지 않도록 방지하고 죽은 잎과 작은 잎, 뿌리 부분에서 곁으로 나온 러너^{runner} 등을 제거하는 일상적인 일을 해 주어야 했다. 에드는 수련에 대한 해박한 지식과 경험을 가지고 있었다. 나도 나의 경험과 관심 분야에 대해 얘기했고, 에드는 나의 이야기에 관심을 보였다. 수련에 대한 공통된 관심사 자체가 우리를 쉽게 친하게 만들어 주었다. 에드는 듀퐁 회사에서 40년간 일하고 정년 퇴임한 후에 이곳 롱우드가든에서 일하기 시작하여 올해로 13년 되었다고 했다. 아직도 정정해 보였고 관람객들에게도 유머러스하게 수련에 대해 설명해 주는 모습이 참 좋아 보였다. 우리가 일하는 동안 이곳을 퇴임하고도 자주 드나드는 패트릭 넛이 왔다갔다 했다. 그는 수련의 대가로, 처음 빅토리아 롱우드 하이브리드를 만들어 낸 장본인이었다.

° Brugmansia. 꽃 모양이 크고 길다란 나팔처럼 생겨 '천사의 나팔$^{Angel's\ Trumpet}$'이라고 불린다.

아무튼 연못에서 수생 식물을 정리하는 일 자체는 단순한 일이었지만 많은 이야기를 듣고 배울 수 있어 좋았다. 이곳 연못의 물은 지하의 물탱크와 연결되어 계속 순환되고 있었다. 지하의 물탱크에서는 연못의 물을 필터링하고 온도를 적정하게 맞추어 다시 연못으로 보낸다. 연못의 물은 검정색으로 염색이 되어 있었는데, 물이끼 등 조류의 번성을 막고 수련의 꽃을 수면 위에서 아름답게 반사하여 환상적인 이미지를 만들어 주는 역할을 한다고 했다. 밤에 꽃이 피는 야간 개화 열대 수련 종류들도 많이 있었는데, 매주 목요일 저녁 6시 30분에 이곳 수련 전시원 연못 주변에서 가드너들이 관람객을 대상으로 수련에 대해 토크 쇼를 한다고 했다. 점심은 테라스 레스토랑에서 샌드위치와 음료를 사 먹었다. 롱우드 직원이나 교육생은 50퍼센트 할인된 금액으로 먹을 수 있다. 오후에도 연못에서 일을 하면서 리사와 많은 이야기를 나누었다. 그녀는 이번 주 금요일 런던으로 돌아간다고 했다. 1년 과정 중 10개월을 했는데, 이런저런 이유로 코스를 중단하는 상황이었다. 이야기인즉슨, 이곳 레드 라이언 로 기숙사에서 지내는 생활이 너무나 불편하고 특히 젊은 친구들과 지내는 게 도저히 적응이 안 된다고 했다. 자기 차가 없어 생활하는 데 너무 불편했고, 특히 주말이면 여기저기 많이 다니고 싶었는데 그러지 못했고 등등……. 다만 롱우드가든에서 배우고 경험할 것은 충분히 했고 아주 만족스럽다고 했다. 내 또래 정도로 보였는데, 나중에 자르넬을 통해 알고 보니 그녀의 나이는 45세였다. 아무튼 짧은 시간이지만 조금은 이야기가 통하는 상대였는데, 이제 곧 떠난다니 아쉬운 마음이 들었다.

06/15 화

팀 제닝스와의 만남

오전에 팀 제닝스를 만났다. 그는 패트릭 넛의 수제자로 수련 전시원의 총 책임을 맡고 있는 가드너다. 어제와 마찬가지로 로즈 하우스에 가서 데드헤딩° 작업을 한 후, 수련 재배 그린하우스에서 두 개의 물탱크를 청소했다. 점심은 팀과 함께했는데, 수련의 대가와 이렇게 함께 일하며 밥도 같이 먹는 게 꿈만 같았다. 오후에는 수련 전시원 연못에 들어가 일을 하면서 팀과 많은 대화를 나누었다. 팀이 한 가지 일화를 얘기해 줬는데, 작년인가 3월에 열리는 필라델피아 플라워 쇼에 빅토리아수련의 꽃을 선보였던 경험이었다. 겨울 동안 재배 하우스 안에 특별 수조를 만들고 수면 위 1미터 높이에 메탈할로이드 인공 조명등을 설치해서 빅토리아수련을 성공적으로 키워 냈다고 했다. 노련하고 전문적인 가드너는 어떤 식물도 키울 수 있겠다는 생각이 들었다.

06/16 수

그레그와 마사코

오전에 자원봉사자 데이비드와 함께 파피루스 화분 8개 및 콜로카시아 등 수생 식물을 운반해서 수련 전시원 주변에 배치했다. 리사와 점심을 먹고 오후에는 계속해서 연못 안에서 수련 작업을 했다. 일을 끝낸 후 리사와 함께 그레그 부부를 만났다. 분재를 좋아하는 그레그는 프로페셔널 가드너 교육생이고 일본인 마사코와 함께 살고 있었다. 텐진이라는 이름의 아이도 있었는데, 인형같이 귀여웠다. 마사코는 미용사 자격이 있다고 해서, 앞으로 그 집에 가서 머리를 깎기로 했다.

° Deadheading. 시든 꽃을 따 주는 작업

06/17 목

필드트립 2

챈티클리어 가든으로 필드트립을 다녀왔다. 롱우드가든에서 40분 거리, 필라델피아 인근에 있다. 원래 아돌프 로젠가르텐이라는 사업가 집안의 정원이었는데, 지금은 대중에게 개방된 공공정원이다. 로젠가르텐 가족들이 살던 대저택과 넓은 사유지에 아름다운 정원을 만들었다. 롱우드 출신의 원예가 빌 토머스가 디렉터를 맡고 있다. 그가 직접 정원 안내를 해 주었다. 정원은 숨막히도록 아름다웠다. 롱우드가든과는 또 다른 분위기의 자연스러움 속에 곳곳에 꽃들이 가득했다. 절화용 꽃을 재배하는 커팅가든 근처에는 아주 커다란 나무 두 그루가 넓게 가지들을 펼치며 자라고 있었는데, 가까이 가서 보니 바로 계수나무였다! 우리나라에서 이렇게 크고 좋은 모양의 계수나무를 본 적이 없었기 때문에 반갑고 신기했다. 계수나무는 암수딴그루라서 암나무와 수나무 한 그루씩 심어 놓았는데, 마치 노부부가 이 정원에서 다정히 살고 있는 모습 같기도 했다. 때마침 암나무가 꽃을 피우고 있었다. 오랫동안 정성껏 잘 키운 나무의 아름다움이 어떤 것인지 볼 수 있었다.

로젠가르텐 가의 식구들이 살았던 대저택 주변으로는 크고 작은 화분과 행잉 바스켓을 이용한 정원들이 있었다. 시간이 날 때 종종 이 정원을 자세히 살펴봐야 할 것 같다는 생각이 들었다. 챈티클리어 가든은 아마도 지금까지 방문했던 정원들 중 최고의 정원으로 손꼽을 수 있을 듯하다.

06/18 금

하와이무궁화, 그리고 수련 전시원 가드닝

아침에 팀 제닝스를 만나 작업 지시를 받았다. 로즈 하우스의 데드헤딩과 액비 관수가 오전 중에 할 일이었다. 하와이무궁화의 데드헤딩은 쉬운 것 같으면서도 어렵다. 꽃봉오리가 닫힌 상태에서 이것이 앞으로 필 꽃인지, 아니면 지는 꽃인지 구분하는 것이 약간 어려웠는데, 팀이 다시 한번 알려 주었다. 암술과 수술이 꽃봉오리 밖으로 약간 나와 있으면서 꽃잎이 주글주글한 꽃은 이미 개화가 끝난 것이다. 이러한 꽃대는 가위로 잘라 내야 한다. 또한 꽃이 저절로 떨어지고 남은 부위, 즉 씨방이 자리잡게 될 꽃받침 부분 역시 잘라 낸다. 그리고 잎 중에서도 누렇게 되었거나 상태가 안 좋은 잎들도 모두 따 준다. 하와이무궁화는 매일매일 새로운 꽃이 피고지기 때문에 이 일은 매일 해야 하며, 한 시간가량 소요된다. 오늘은 전체적인 관수 작업을 처음 해 보았는데, 롱우드가든의 관수 시스템은 정말 최고인 것 같다. 관수 호스가 바닥 밑으로부터 나오게 되어 있는데 호스 자체도 상당히 부드러우면서 강한 재질이고, 코크의 조절로 분무 또는 관수 조절을 마음대로 할 수가 있다. 또한 바닥에 조그만 두 개의 홀이 있는데 흰색으로 된 것은 보통 물, 파란색으로 된 것은 액비, 즉 양분이 들어 있는 물이다. 따라서 물을 주는 것도 그냥 물을 주는 것이 아니라 영양제가 들어 있는 물을 수시로 주기 때문에 식물의 상태가 좋은 것이다. 관수는 대략 9시부터 11시까지 꼬박 두 시간 정도 걸렸다. 장미가 심겨진 화단 사이의 통로가 좁고 호스를 이쪽 끝에서 저쪽 끝까지 옮겨 가면서 관수를 하는 것이 쉬운 일은 아니었다. 또한 행잉 화분은 일일이 화분 위에까지 관수 노즐을 뻗어 충분히 관수를 해 주어야 하기 때문에 손이 많이 가는 일이었다. 관수는 관람객이 다니는 주동선 주변을 먼저 하고 나머지 뒤쪽에 위치한 화단과 화분은 나중에 한다. 관람 동선 주변에 페튜니아와 라벤더도 식재가 되어 있는데, 페튜니아는 물을 위에서 줘도 상관 없지만, 로즈마리는 위에서 주지 않고 화분의 토양 위로 조심스럽게 주어야 한다. 관수를 마치고 페튜니아의 데드헤딩 작업을 계속했다.

11시 20분쯤 팀 제닝스가 왔고 우리는 함께 테라스 레스토랑으로 점심을 먹으러 갔다. 팀은 비닐 봉지에 샌드위치와 스낵을 싸 왔고, 레스토랑에서 파스타 샐러드 약간을 사서 먹었다.
　　　　　　　오후에는 팀과 수련 연못에 들어갔다. 처음에 2개의 단을 밑에 놓고 전시한 열대 수련들 중에서 최근 높아진 온도와 일조량으로 많이 자란 개체들의 단 높이를 1단으로 낮추고 표찰도 좀 더 긴 것으로 대체하는 작업을 했다. 또한 빅토리아수련의 잎을 정리하고 바람에 잎이 움직여 서로 부딪치고 손상되는 것을 막기 위해 철제 스틱으로 잎줄기를 고정하는 작업을 했다. 빅토리아수련은 지름 1.5미터 정도 되는 콘크리트로 만들어진 고정된 화분에 식재가 되었다. 열흘마다 거름을 아주 많이 넣어 주기 때문에 6월 중순인 이 시기에 잎의 지름이 1미터를 넘기고 있다. 열대 수련도 마찬가지로 거름을 주고 지름이 60㎝ 정도 되고 높이가 20㎝ 정도 되는 고무 용기에 식재를 하고 있다. 여미지식물원에 내가 수집해 놓은 열대 수련과 같은 종도 여럿 있지만 꽃과 잎의 크기나 화색이 확연히 다른 것을 느낄 수 있었다. 수련 연못을 찾는 사람들이 많은 것을 물어보기 때문에 일을 하면서도 팀은 관람객들과 많은 대화를 나누었다. 특히 빅토리아수련과 열대 수련이 본격적인 개화를 시작하고 잎을 한창 키우고 있는 이 시기에 수련 전시원은 롱우드가든에서 가장 인기 있는 곳이다. 팀은 빅토리아수련 꽃의 개화 특성부터 씨앗이 만들어지는 과정, 그리고 열대 수련의 특성 등 많은 이야기를 관람객들에게 들려주고, 관람객들은 그것을 상당히 좋아했다. 수련 연못뿐 아니라 롱우드가든의 모든 전시 지역에 관람객들의 궁금증을 해소시켜 주기 위한 부스가 마련되어 있다. 많은 가드너와 자원봉사자들이 언제 어디서나 친절하게 관람객들의 질문에 응대해 주고 있다. 또한 일반인과 교육생들을 위한 교육 프로그램도 연중 개설되어 있어서 원예에 보다 깊은 관심을 갖고 있는 많은 사람들의 갈증을 해소해 준다.

롱우드가든의 가드너들은 충분한 휴일을 보장받고 각자가 맡은 영역을 책임지는 시스템이다. 여기에 700명이 넘는 자원봉사자들과 수시로 선발되어 가든 일에 참여하는 교육생들이 있다. 이사회에서 관리하고 있는 듀퐁 가의 자산과 오랜 경영의 노하우는 롱우드라는 거대한 커뮤니티를 안정적으로 지속시킨다. 롱우드가든은 영국의 큐가든이나 위슬리가든 같은 보태니컬 가든Botanical Garden, 즉 정통 식물원이 아니기 때문에 식물 종 수집을 목적으로 하지 않으며, 가든 디자인, 원예, 교육, 그리고 예술로 일반 대중에게 영감을 주는 것을 목적으로 한다.

오늘은 오후 2시에 다른 인터내셔널 교육생들과 만나 약물 검사를 받으러 갔다. 톰과 자르넬, 커슨과 함께 롱우드 차량을 타고 케넷 스퀘어에 있는 직업건강센터Occupational Health Center에 가서 소변 검사를 했다. 미국과 뉴질랜드 등의 나라에서는 약물 검사가 보편화되어 있는데, 뉴질랜드에서 온 톰은 그러한 약물 검사가 내키지 않는다고 말했다. 자신은 약물과 전혀 상관이 없는데도 의무적으로 그러한 검사를 하는 것이 영 못마땅하다는 것이다. 아무튼 소변만 검사하는 건데 기다리는 시간이 너무 오래 걸렸다. 담당 간호사는 친절했는데, 이곳에서 15년간 일하면서 롱우드가든의 많은 교육생들을 접했다고 했다. 내게 한국인치고 영어 발음이 좋다고 말해 주었다. 그리고 롱우드 프로그램이 상당히 좋은 것 같다고 해서, 동의하지만 일이 너무 힘든 것 같다고 말했더니 그녀는 거의 모든 인터내셔널 교육생들이 그렇게 말한다며 웃었다.

06/22 화

지중해 가드닝

오늘은 10시 30분부터 미팅이 있었다. 특별 이벤트 전시장에서 롱우드의 새로운 프로젝트에 대해 임직원들의 의견을 묻는 자리다. 음료와 과일, 베이커리 등이 준비되어 있었고 행사장에 들어갈 때 테이블 번호표를 받고 지정된 곳에 앉게 되어 있었다. 행사장은 웬만한 실내 체육관 크기만 했고 모인 인원은 삼사백 명쯤 되는 것 같았다. 한국식 미팅 분위기를 상상했던 나는 분위기 자체가 상당히 색다르다는 느낌을 받았다. 이윽고 몇 가지 미션이 주어지고, 테이블마다 토론 또는 의견 취합을 통해 새로운 프로젝트에 대한 전체 임직원의 피드백이 완성되었다. 그것은 바로 롱우드가든의 역사적인 분수광장 리노베이션을 위한 1차 아이데이션 작업이었다.

06/23 수

오랑주리의 후크시아

오랑주리의 행잉 화분에 심겨진 후크시아를 정리해 주었다. 11시 30분에는 테라코타룸에서 교육이 있었고, 오후에는 다시 후크시아 작업을 계속했다. 사다리에 올라 팔을 올려 머리 위 행잉 화분을 손질하는 일은 쉽지 않았다. 일단 먼지와 부스러기 같은 것들이 머리 위로 계속 떨어지는 게 싫었다. 멀리서 보았을 때 아름다운 후크시아 꽃들로 덮인 화분 속이 이렇게 더러운 줄 몰랐다.

일과 후에는 좀 쉬다가 자르넬, 톰과 함께 자이언트 마켓으로 장을 보러 갔다. 오랜만에 치킨을 좀 사다가 맥주와 먹었다. 어제 번개를 맞아 고장난 인터넷은 아직도 그대로였다. 명희와 스카이프로 통화를 못하는 것이 제일 답답했다.

오랑주리의 입체성을 살려 주는 것은 공중에 매달린 행잉 바스켓이다. 커다랗고 동그란 공 모양으로 만들어진 이 행잉 바스켓의 꽃들 역시 시즌마다 바뀐다. 보기에는 참 좋지만, 사다리를 놓고 후크시아 행잉 바스켓의 시든 꽃을 정리하는 일은 오랑주리에서 해야 하는 일들 중에 하기 싫은 측에 속한다. 수태로 감싼 행잉 바스켓 아래쪽으로 풍성하게 늘어진 꽃줄기와 잎들을 자세히 보면 시든 잎과 함께 시커먼 먼지와 온실 가루이 잔해들 같은 이물질이 많다. 화분 밑에 얼굴을 가까이 대고 그 지저분한 것들을 하나하나 정리해 주다 보면 머리 위부터 어깨까지 떨어진 이물질들로 뒤덮이고, 한여름 온실의 열기까지 더해지면 땀과 뒤범벅되기 일쑤다. 아무리 오랑주리의 일이 근사해 보여도 이런 일들이 유쾌한 작업은 아니다. 하지만 누군가는 해야 하는 일이고 가드너는 기꺼이 그런 일을 해내야 한다.

06/24 목

수많은 상념들

어제 미처 다하지 못한 후크시아 행잉 화분 작업을 마무리지었다. 한창 더웠던 어제 오후보다 훨씬 기온이 낮은 아침 시간이어서인지 일하기가 꽤 수월했다. 틈나는 대로 사진도 찍어 가면서 9시 반쯤 일을 끝냈다. 생각해 보면 참 신기하다. 인터넷 홈페이지를 통해 보면서 동경해 오던 곳에 직접 와서, 심지어 그 장면 속에 있던 멋진 화분을 내가 직접 손질하고 있다는 것이 마치 어떤 한 폭의 그림 속에 직접 들어간 듯한 착각을 불러일으키는 것이다.

후크시아 작업을 마치고 오랑주리 한 켠에 칸나를 심는 작업을 했다. 크림색 칸나 12본 정도를 심는데 로렌이 심는 방법을 가르쳐 주었다. 여미지식물원에서 3년 반이나 일을 했지만 아직도 잘 모르는 게 태반이다. 생각과 계획에 머물렀던 수많은 공부와 일들을 어떻게 하면 차곡차곡 해 나갈 수 있을까. 그 실마리를 이곳 롱우드에서 찾을 수 있다면 좋겠다.

10시 반에는 방문자 센터에서 건강 교육이 있었다. 햇볕과 피부암에 관한 것인데, 한 시간가량 강의를 들었다. 결론은 야외 작업을 할 때는 무조건 선크림을 잘 발라야 한다는 것이다. 특히 가드너들에게는 자외선 차단 수치가 높은 선크림일수록 좋다.

오전에 재닛이 준 급여 명세표를 보고 약간 실망이 되었다. 생각보다 받는 돈이 매우 적은 것 같았기 때문이다. 지금 기숙사가 무료라고 하지만 세금은 교육생이 내도록 되어 있다. 그런데 그 세금이 무려 2주에 200달러나 된다는 것이다. 자르넬도 이 문제에 대해서 실망이 큰 것 같았고, 오늘 아내와 의논을 해 보고 향후 어떻게 할 것인지 결정할 거라고 했다.

하우스 대청소를 마치고 숙소로 돌아와 샤워를 하고 너무 피곤해 침대에 누웠는데, 비가 많이 내리기 시작했다. 후텁지근한 가운데 어떻게 잠이 들긴 했지만 자다 깨다를 반복했다. 5시 반쯤 일어나 저녁을 챙겨 먹었다. 이곳에 오고 난 후 정말 밥 챙겨 먹는 것도 큰일이다. 무얼 해 먹을 것인가. 오늘은 지난번 먹다 남은 햄과 어제 장을 봐 온 피망, 아스파라거스 등을 다진마늘과 함께 볶아 칠리소스와 곁들여 밥과 함께 먹었다. 어제 아침에 한 밥이 괜찮은지 잘 분간이 안 되었지만, 전자렌지에 데워 먹으니 괜찮은 것 같았다. 6시 50분쯤 자르넬과 함께 수련 전시원에 산책을 나갔다. 매주 목요일 수련 전시원에서 팀과 에드가 번갈아 가며 관람객을 상대로 수생 식물 해설을 해 주는데, 오늘은 에드가 하는 날이었다. 일고여덟 명의 관람객이 에드로부터 연꽃에 대한 설명을 재밌게 듣고 있었다. 인턴 교육생 와이섬도 와 있었다. 와이섬은 아직 어린 대학생이지만 생각도 깊고 항상 열심히 임하는 모습이 보기 좋았다. 어쩌면 부모를 잘 만나 중국이 아닌 미국에서 나고 자라면서 좋은 교육을 받고 있는 모습이 좋아 보이는 것일지도 모르겠다.

연꽃에 이어 수련, 빅토리아수련, 그리고 다른 수생 식물에 대한 설명까지 모두 재밌게 들었다. 에드는 우리에게 여름철 저녁 빅토리아수련의 수정 작업을 도와줄 수 있겠냐고 제의했고, 나는 흔쾌히 좋다고 답했다. 여미지에서 나 혼자 해 보던 일을 여기서 전문가들의 교육과 도움을 받아 해 보는 것은 큰 의의가 있다고 생각되었기 때문이다. 이들과 함께한다는 것이 내게는 큰 행운이 아닐 수 없었다.

06/26 토

저녁 산책

오후에 잠깐 낮잠을 자고 5시쯤 일어났다. 한낮의 뜨거운 기운이 좀 가시는 시간에 사진을 찍으러 나가려면 서둘러 저녁을 차려 먹어야 했다. 지난 수요일에 사다가 냉동실에 넣어 둔 소고기 등심을 꺼내 실온에 녹이기 시작하고 밥을 앉힌 다음, 막간을 이용해 설것이를 하고 채소와 양념을 준비했다. 오늘 저녁 메뉴는 불고기다. 다른 모든 준비가 끝났는데 소고기가 아직 해동이 안 되어 전자렌지에 넣고 1분간 돌렸다. 큰 프라이팬에 들기름을 약간 두른 다음 덩어리 고기를 적당한 크기로 썰어 넣은 뒤 마늘소금을 치고 피망과 당근과 함께 볶기 시작했다. 핏물이 밴 생고기를 써는 것도 여기 와서 처음 해 보는 일 중 하나다. 물컹한 고깃살이 썰리는 느낌이 그다지 좋지는 않았다. 소고기가 부분적으로 익어 갈 무렵 한국에서 가져온 작은 튜브에 든 고추장을 전부 넣고 설탕 한 큰술과 소금 약간, 그리고 양파를 넣고 더 볶았다. 원래 고추장을 넣을 생각은 없었는데 문득 매콤한 게 먹고 싶어 즉석에서 계획을 변경했다. 왠지 예감이 좋았고 살짝 간을 보니 역시 괜찮았다. 요리가 완성되고 후추를 약간 뿌려 준 다음 밥과 양상치, 파슬리 등을 준비하여 먹기 시작했다. 내가 이제까지 해 본 변변치 않은 요리들 중 제일 괜찮았다. 얼마 전 사 둔 와인을 한 잔 곁들이니 고급 레스토랑 음식 못지않았다. 이 좋은 음식을 혼자 먹는 게 아깝다는 생각도 들었다. 텃밭에 나간 네이트라도 들어와서 내가 한 요리를 봐 주기라도 했으면 하는 생각까지 들었다. 아무튼 텔레비전을 보며 저녁을 맛있게 해치우고 나니 벌써 7시 반이 넘었다. 밥을 차려 먹는 데 두 시간 가까이 소요된 것 또한 놀라운 일이었다.

오늘은 날이 흐려 다른 때와 달리 좀 일찍 어두워지는 듯한 느낌이 들어 얼른 사진기를 챙겨 나섰다. 조용한 숲길을 지나 가든에 들어서니 많은 관광객들이 여기저기 돌아다니고 있었다. 내가 묵고 있는 레드라이언 로는 가든에서 도보로 10분 정도 걸리는 숲길로 이어져 있다. 바로 롱우드가든의 온실 옆쪽으로 나오게 되어 있다. 조용한 숙소와 사람들로 북적이는 가든은 전혀 다른 세상 같았다. 먼저 오늘 찍기로 마음먹었던 꽃들을 찍기 위해 온실로 들어갔다. 칼라디움과 펠라고늄, 아카시아, 그리고 수련 꽃을 찍는 사이에 날은 빠르게 어두워졌다. 하지만 어둑어둑해진 식물원에 조명이 켜지고 그 불빛 아래 식물을 감상하는 것은 또 색다른 일이었다. (롱우드가든은 목요일부터 토요일까지는 밤 10시까지 야간 개장을 하고 9시부터는 야간 분수 쇼를 한다.) 문득 여미지에서 일할 때 한 사진작가가 여미지식물원의 밤 풍경을 사진에 담고 싶다고 하여 일주일간 야간 작업을 하고 갔던 게 생각났다. 그 사진작가도 오늘 나 같은 기분이었을까. 나는 아주 묘한 기분에 사로잡혀 밤의 꽃들을 감상했다. 9시가 되어 분수 쇼가 시작되었고 많은 관람객들이 숨죽인 채 지켜보는 가운데 클래식 음악이 흐르면서 메인 분수 광장에서 형형색색의 분수들이 춤을 추었다. 동영상으로도 담아 보고 사진도 찍어 두기는 했지만, 현장에서 눈과 귀로 직접 보며 느끼는 감동에는 훨씬 미치지 못하리라는 생각이 들었다. 아내와 딸아이가 옆에 있다면 얼마나 좋을까.

군중에서 빠져나와 나는 다시 숙소로 향했다. 문득 오늘 같은 날은 달빛도 없고 구름도 많아 숲길이 무척이나 깜깜하겠다는 생각이

들었다. 아니나 다를까 숲길로 들어서자 나는 또다시 다른 세상으로 들어가는 기분이었다. 아무도 없는 조용하고 깜깜한 숲길을 걷고 있자니 한편으론 등골이 오싹한 느낌이 들었다. 다행히 수많은 반딧불이들이 여기저기 빛을 내고 있어 약간은 몽환적인 느낌이 들기도 했다. 그 불빛들을 보면서 반딧불이들이 꽤 높은 곳까지 날아올라 간다는 것을 알았다. 숙소에 가까워지면서 칠흑 같은 어두움에 대한 두려움은 사라지고 넓게 펼쳐진 초지대를 온통 수놓은 반딧불이들이 마치 한여름의 크리스마스처럼 반짝반짝 소리 없이 빛나게 하는 밤 풍경이 그저 아름다울 뿐이었다. 내 뇌리와 마음속에 그 느낌들을 새겨 넣고 싶었다.

레드 라이언 로의 맨 끝에 위치한 나의 숙소 66호로 이어진 넓은 가로수길에 들어섰다. 그 길을 따라 한쪽으로 늘어선 다른 숙소의 창문들로부터 새어져 나오는 노란 불빛들 사이로 간간이 웃음이 섞인 이야기 소리가 들려왔다. 잠시나마 이렇게 평온한 곳에서 지낼 수 있게 된 것만으로도 큰 축복이 아닐까. 혹여나 아내와 딸아이가 이곳에 와서 같이 살게 된다면, 그래서 해마다 이맘때쯤이면 하민이와 저녁마다 산책을 하며 갖가지 꽃들과 반딧불이도 실컷 보면서 지낸다면?

07/01 목

식충 식물이 사는 법

편 패시지에 물을 주면서 한쪽에 마련된 식충 식물 코너에서 자라는 신기한 식물들을 자세히 살펴보았다. 파리지옥, 네펜데스, 사라세니아 같은 식충 식물은 미네랄이 없는 물과 햇빛을 좋아한다. 그리고 토양의 pH는 6~8 사이가 좋다.

07/02 금

한국인 방문객

오전에 온실 입구홀 천정에 매달린 후크시아 행잉 바스켓에 물 주는 일을 마치고 팀과 함께 수련 연못을 정리했다. 수련 사진을 찍으러 오신 분들 중 한 여성에게 팀과 나의 사진을 찍어 달라고 부탁했는데, 공교롭게도 한국 사람이었다. 1960년대 미국으로 이민 와서 지금까지 살고 있고 모 도서관의 부관장을 지내다 정년 퇴임 후 이렇게 수련 사진을 찍으러 다닌다고 했다. 가끔씩 이렇게 한국분들을 만나면 참 반갑고, 여기까지 오게 된 사연들도 궁금해진다.

07/07 수

큐레이토리얼 사무실 첫 근무

큐레이토리얼에서 근무하는 첫날이다. 담당자인 크리스티나와 인턴인 민디를 만났고, 업무에 대한 대략적인 설명을 들은 후 몇 가지 일을 시작했다. 크리스티나는 여기서 일한 지 4년이 되었다고 했고, 전 직장에서 같은 일을 6년 동안 했다고 했다. 큐레이토리얼의 업무는 주로 식물 목록 관리와 표찰 제작 관리, 수목류 식재 도면의 업데이트 등 식물에 관한 전반적인 데이터베이스 관리이다. 언뜻 보기에도 일이 많아 보였고, 대부분은 목록의 추가 수정, 표찰 제작 등 단순 업무인 것 같았다. 하지만 내가 관심을 가지고 있는 부분이었고, 특히 말로만 듣던 식물 데이터베이스 전문 프로그램인 비지 베이스 BG Base라는 프로그램을 직접 다루어 보면서 배울 수 있는 점이 기대되었다. 이 프로그램을 구입하는 비용은 한화로 800만 원에서 1000만 원 가까이 한다. 식물원 내의 식물 사진들을 프로그램에 저장하여 관리하는 방법, 표찰을 만드는 방법 등 알아 두면 좋은 일들이 많을 것 같았다. 표찰은 원래 쇠붙이에 인쇄하는 방식을 이용하고 있는데, 최근 예산 삭감으로 비싼 쇠붙이 이용을 줄이고 플라스틱 종이를 이용해 제작하고 있었다. 오늘은 난의 데이터베이스를 수정하는 작업을 했다. 단순 입력 작업은 지루하고 재미없었지만, 그래도 이 더운 날씨에 에어컨 돌아가는 사무실에서 일하는 게 어디냐 싶었다. 오늘 점심에는 브라운백 프레젠테이션°이 있었다. 오후에는 프로그램에 사진을 입력하는 것도 배웠다. 모든 식물에 부여되어 있는 일련번호에 따라 촬영된 사진을 첨부하여 저장하는 것이다. 큐레이토리얼 사무실은 다른 근무지와 달리 오전 8시에 시작하여 오후 4시 반에 끝난다. 롱우드가든은 전체 1만 3000종의 컬렉션을 보유하고 있다. 열다섯 명의 자원봉사자들이 PDA를 들고 다니며 식물들이 꽃 피는 시기를 조사하고 있다.

07/15 목

테이블산의 자랑

요즘 온실에 가면 디사 *Disa uniflora*라는 이름의 희귀 난꽃을 볼 수 있다.(뒷장 사진) 원래 남아프리카 테이블산에 자생하는 꽃으로, '테이블산의 자랑'이라는 애칭을 갖고 있다. 이 꽃은 인공적으로 재배하는 것이 거의 불가능하다고 알려져 있는데, 1960년대 중반 롱우드가든의 첫 번째 디렉터인 러셀 세이버트 박사가 씨앗을 들여와 수년간의 연구 끝에 롱우드가든에서 꽃을 피우는 데 성공했다. 디사는 온갖 희귀 식물의 천국 남아프리카에서도 가장 아름다운 꽃이라고 한다. 그런데 자생지에서

° Brown bag presentation. 원래 브라운백은 샌드위치 등 점심을 싸 가지고 가는 종이 백을 말하는데, 점심시간에 각자 도시락을 들고 와서 짧은 세미나 또는 워크숍을 진행하는 것을 브라운백 프레젠테이션이라고 한다.

도 이런 꽃들이 점점 사라져 가고 있다고 하니, 롱우드가든 같은 식물원의 역할이 참으로 중요한 것 같다.

07/23 금

식물 표찰 만들기

식물에 부착하는 이름표는 여러 종류인데 그중 브래스 태그 brass tag라는 것이 있다. 군번줄에 다는 인식표와 비슷하다. 구리 재질의 표찰에 음각을 새기는 방식인데, 두 평도 안 되는 공간을 방음벽으로 막고 조각기를 설치해 놓았다. 표찰을 제작할 때는 소음이 심하기 때문에 문을 닫아 놓는 것이다. 오늘은 난초 종류에 부착할 브래스 태그 80개 정도를 만들었다. 크리스티나의 허락을 받고 여행용 캐리어 가방에 붙일 내 이름표도 두 개 만들었다.

07/24 토

블루베리 피킹

쉬는 날이라 요코, 자르넬, 와이섬과 함께 블루베리 피킹을 다녀왔다. 요코는 일본 히로시마가 고향으로 등산과 하이킹을 좋아한다고 했다. 그녀는 특히 다륜대작 천송이국화를 전문적으로 재배하는데, 시즌이 끝나는 11월이면 몇 주 동안 히말라야 같은 곳으로 휴가를 간다고 했다. 와이섬은 여름 한철만 롱우드에서 인턴을 하러 온 플로리다대학교 교육생이고, 자르넬은 인도 출신의 국제 정원사 양성과정 동기다. 우리가 방문한 곳은 하이랜드 오차드 Highland Orchards라는 농장이다. 맛도 좋고 몸에도 좋은 블루베리를 농장에서 직접 따면서 바로 먹을 수도 있고 원하는 만큼 딴 다음 농장 숍에서 무게를 달아 계산을 하고 구입하는 시스템이다. 블루베리 2.3파운드와 우피 파이 whoopie pie 하나에 10달러

정도 지불했다. 우피 파이는 초코파이의 원조다. 두툼하고 부드러운 초콜릿 케이크 사이에 달고 맛있는 크림이 들어 있었다. 다음에는 사과로 유명한 버나드 오차드Birnard's Orchards로 애플 피킹을 가기로 했다.

07/25 일

난초 화분 분갈이

온실 난 전시원에 선보이는 난초들은 전시원보다 훨씬 넓은 규모의 그린하우스에서 관리한다. 그린하우스에서 꽃 피는 난초들을 가져다가 전시원에 전시하고, 꽃이 진 것들은 다시 그린하우스로 가져오는 것이다. 오늘은 난초 화분갈이 작업을 했다. 주로 바크를 사용하는데, 재료와 가격에 따라 여러 종류가 있다. 차콜 바크 락이라 불리는 재료는 바크 2: 숯 1: 난석 1로 구성되어 있다. 바크는 보통 미송Douglass fir과 미국삼나무redwood를 쓴다. 미국삼나무 바크는 특히 비싸서 카틀레야 같은 고급 난 화분에만 쓴다. 분갈이를 할 때는 오염을 막기 위해 반드시 장갑을 껴야 한다. 그리고 화분에 부착되어 있던 표찰은 바이러스를 막기 위해 일일이 소독을 해 준다. 밀토니아, 반다, 팔레놉시스, 에피덴드롬, 벌보필룸, 이것이 오늘 분갈이를 한 난초들이다.

08/02 월

IPM 첫날

8월 한 달은 통합병해충관리IPM 부서에서 일한다. 담당 인턴인 킬리가 오리엔테이션을 해 주었다. 식물을 위협하는 5대 해충이 있는데, 바로 진딧물aphid, 응애spider mite, 깍지벌레mealybug, 가루이white fly, 총채벌레thrip다.

또 다른 해충 가운데 솜털쿠션개각충cottony cushion scale

이 있다. 이 녀석의 천적은 베달리아딱정벌레vedalia beetle다. 이 딱정벌레를 위한 작은 사육함을 만들어 놓고 거기에 정원에서 잡은 솜털쿠션개각충을 먹이로 준다. 그럼 베달리아딱정벌레는 솜털쿠션개각충 배 밑이나 등에 알을 놓고, 여기에서 부화한 유충은 솜털쿠션개각충을 먹고 자란다. 그렇게 자란 베달리아딱정벌레를 정원에 방사하면 자연스럽게 천적 방제가 되는 것이다. 이렇게 직접 키워서 방사할 수도 있지만, 이 딱정벌레를 구입해서 사용할 수도 있다. 조만간 킬리가 주문한 베달리아딱정벌레가 도착하면 듀퐁 하우스에 가서 이 녀석들을 풀어 줄 것이다.

08/04

내 친구 허드슨

이번 달 아이피엠에서 같이 일하게 된 프로페셔널 가드너 프로그램의 교육생 허드슨은 참 괜찮은 친구다. 아침에 식빵에다가 크림치즈를 한 1센티미터 두께로 발라 베어먹으며 자전거를 타고 출근하는 모습이 인상적이었다. 키도 크고 잘생긴 데다가 똑똑하기도 한 것 같다. 자칫 지루할 수 있는 병해충 모니터링을 하면서 많은 대화를 나누었다. 롱우드 인근에 가 볼 만한 너서리는 일년초, 숙근초, 나무와 관목, 다육식물 등을 판매하는 그로프스 식물농장, 양치식물, 일년초, 실내 식물이 있는 차드 포드 온실, 그리고 실내 식물을 주로 판매하는 스티븐 온실이 있다고 했다. 이 지역에서 맛있고 인기 있는 맥주는 잉링Yuengling이라는 이름의 맥주라는 것도 알려 주었다. 1829년부터 펜실베이니아주 포츠빌에서 만들기 시작한, 미국에서 가장 오래된 맥주 브랜드였다. 보드카 종류는 스미노프와 앱솔루트를 추천해 주었다. 루미큐브Rummikub라는 게임도 허드슨을 통해 알게 되었다.

08/10 화

전 직원 미팅

볼룸Ballroom°에서 전 직원 미팅이 있었다. 분기별로 하는 이 미팅에서 디렉터 폴 레드먼은 그동안 수입과 지출, 입장객 수가 얼마였는지를 발표한다. 새로운 계획에 대해서도 브리핑하고, 근속자 표창이나 기타 신입 직원, 교육생들을 소개한다. 지출보다는 수입이 많아야 바람직한 분위기이지만, 단지 돈만 얘기하지는 않는다. 그보다는 뭔가 기대가 되는 새로운 계획에 대해 공유하고, 다함께 마음을 다잡는 분위기를 만들려고 한다.

전 직원 미팅을 하기 30분 전부터 볼룸 앞 온실 홀에서는 작은 파티가 열린다. 음료와 다과가 세팅이 된 가운데 삼삼오오 모여 이야기를 나눈다. 그동안 일하느라 바빠 서로 얼굴 보기 힘들었던 다른 부서 직원들을 모두 볼 수 있는 자리라서 반갑다. 나는 교육생이므로 그리 많은 사람들을 알지 못하지만, 그래도 다른 곳에서 일하는 교육생들, 그리고 함께 일해 본 적이 있는 직원들과 눈인사도 나누고 가벼운 안부도 주고받는다. 달달한 쿠키나 시리얼 요거트, 커피를 맛보는 즐거움도 크다.

미팅의 시작을 알리는 직원의 안내에 따라 모두 볼룸에 들어가 자리를 잡고, 디렉터의 안내에 따라 초대형 스크린에 나오는 각종 지표와 이미지들을 공유한다. 전체 직원이 400명 가까이 되고 교육생이 50명, 자원봉사자가 750명이나 되니 규모가 엄청나다. 올해의 연간 입장객 목표는 백만 명인데 지금까지 실적으로는 충분히 달성 가능할 것 같다는 희

° 볼룸은 중세 유럽 파티를 열었던 실내 무도회장을 말한다. 유럽의 영향을 받은 롱우드가든의 온실에도 볼룸이 있어 각종 이벤트 행사장으로 쓰인다.

망적인 뉴스다. 연간 회원도 3만 5000가구를 돌파했다. 잠시 머물다 가는 곳이지만 이렇게 롱우드가든의 일원이 되어 다른 직원들과 함께 그 분위기를 느껴 본다는 것 자체가 커다란 배움이다. 마지막에 디렉터의 말이 가슴에 남는다. "손님들은 티켓을 사는 것이 아니라 경험을 사는 것이다."

08/11 수

벌레들의 세계

허드슨에게 여전히 많은 것을 배운다. MGMT라는 뮤지션의 음악을 시디에 담아 주기도 했다. 내 취향은 아니지만, 새로운 음악을 듣고 미국 젊은 친구들의 취향을 접한다. 템페Temphe와 토푸Tofu의 차이에 대해서도 대화를 나눴다. 토푸는 두부고, 템페는 콩을 발효시켜 만든다는 얘기를 듣고 메주인 줄 알았는데, 알고 보니 인도네시아에 그런 음식이 따로 있었다. 스프링런 내추럴 푸드라는 유기농 마트를 소개시켜 주며, 그곳에 가면 살 수 있다고 한다.

병해충 모니터링(이것을 스카우팅이라고 한다.)을 위해 킬리와 허드슨과 셋이서 정원을 누비고 다니는 것이 참 재미있다. 마치 어린애들이 몰려 다니며 노는 것 같다. 가든 숍에 들렀는데 판매용 식물인 스트렙토카르푸스Streptocarpus의 잎이 누렇게 되어 있었다. 킬리는 보자마자 찬물 스트레스인 것 같다고 말한다. 정원에는 구석구석 다양한 벌레들이 산다. 좋은 벌레, 나쁜 벌레 모두 식물을 일용할 양식이자 터전으로 삼고 살아가고 있다. 깍지무당벌레mealybug ladybird Crypt는 깍지벌레를 잡아먹고, 베달리아딱정벌레는 솜털쿠션개각충을 잡아먹고 산다. 풀잠자리와 지중해이리응애swirski mites는 총채벌레를, 무당벌레는 진딧물을 먹고 산다. 식물도 재미있지만 잘 보이지 않는 곳에서 살아가는 벌레들의 세계도 흥미롭다. 만약 개미가 있다면 개각충이나 깍지벌레, 진딧물이 있을 가능성이 높다. 개미는 이 해충들이 만들어 내는 단물을 좋아하기 때문이다.

08/13 금

바비큐 파티

델라웨어 대학교 롱우드 대학원 과정° 1학년 제임스가 주최한 바비큐 파티가 있었다. 오랜만에 기숙사를 떠나 새로운 사람들을 만나니 즐거웠다. 맛 좋은 고기와 술도 좋았지만, 나도 롱우드 대학원 과정 지원에 관심이 있었던 터라 학생들로부터 듣는 이야기가 큰 도움이 되었다. 무엇보다 파티에서 대화를 통해 사람들을 알아 가는 재미가 참 쏠쏠하다.

08/17

치통

이가 아프기 시작했다. 치과 보험도 없고 근처 치과에 가 보니 견적이 많이 나왔다. 수소문 끝에 필라델피아 템플 대학교 치과 병원에 가면 싸게 할 수 있다는 걸 알았다. 교수진의 지도하에 교육생들이 치료를 해 주는 방식이라 썩 내키지는 않았지만 달리 방법이 없었다. 그래도 다행인 건 한국인 교육생을 만난 것이다. 이 교육생은 4학년의 베테랑급이었다. 미국에서 태어나 이내 고국에 와서 살다가 열다섯 살 때 혼자 몸으로

° Longwood Graduate Program. 학비와 연구비 등 롱우드가든의 후원으로 델라웨어 대학교에서 2년간 다양한 실무 경험과 전문가 네트워크, 국내외 정원 답사 여행, 다양한 그룹 프로젝트를 수행하는 대학원 과정이다. 특히 식물원, 그린 커뮤니티, 원예기관 등에서 필요한 최고 수준의 리더를 양성하는 프로그램으로 마지막 관문인 개인 논문 심사 통과 후 대중원예$^{Public\ Horticulture}$ 석사학위를 받게 된다. 최근 롱우드 펠로 프로그램^{LFP}으로 바뀌어 기간과 커리큘럼 등에 변화가 있었다.

미국으로 와서 공부를 시작했다고 한다. 치아 전체를 엑스레이로 촬영한 결과 충치가 4개나 있었다. 1개는 금으로 씌우고, 1개는 금으로 때우고, 2개는 아말감으로 충전하는 데 약 백만 원 이상 든다고 했다. 여러 가지로 마음이 착잡했지만 치료를 해야 하고, 당분간은 이 젊은 치과 선생님과 자주 만나 친해지게 될 것 같다.

저녁에는 롱우드가든에서 수업이 있었다. 그늘 진 곳에서 잘 자라는 여러해살이풀 종류에 대해 배우는 시간이다. 유명한 가드너 데이비드 컬프°의 입담과 함께 아주 재미있는 시간이었다. 어릴 때 야단 맞아 실컷 울고 난 뒤 받아먹는 달콤한 사탕 맛처럼, 치통과 심란한 마음이 싹 가시는 시간이었다. 데이비드는 직접 식물의 샘플 화분들을 강의장 주변에 배치해 놓고 퀴즈를 내기도 했다. 터리풀, 개승마, 나도히초미, 족제비풀 등 숲속 그늘진 곳에 사는 식물도 참 쓸 만한 종류가 많다. 머릿속에 가드닝 지식을 채우는 기쁨이 쏠쏠하다.

08/20 금

에키움 키우기

오늘은 너서리에서 일한다. 요코의 국화 작업을 돕기 위해 아이피엠으로부터 일주일 정도 앞당겨 이곳으로 옮겨 왔다. 에키움 *Echium*이라는 식물을 돌보았다. 지중해 원산의 이 진귀한 식물은 때가 되면 1미터 이상 되는 꽃대를 올리고 무수한 꽃을 피워 낸다. 파란색, 분홍색, 빨간색 등 종류도 여러 가지인데 특히 파란색 에키움이 온실에 전시

° 2012년, 『레이어드 가든 *The Layered Garden*』이라는 책을 냈다.

되면 장관을 이룬다. 보기에는 좋지만 직접 만져 보면 잎이 꺼슬꺼슬하다. 아래쪽의 오랜된 잎을 따 주는 작업을 하는데, 처음에는 견딜 만하다가 계속해서 팔뚝에 잎이 닿으니 벌겋게 발진이 나기 시작한다. 번식을 해서 전시하기까지 1년 반이나 걸린다. 오늘 내가 돌봐 준 에키움은 작년 12월에 시작되었고, 내년 봄에나 온실로 나가게 된다. 어떤 식물은 이렇게 오랜 시간 동안 정성을 쏟아야 꽃을 볼 수 있다.

에키움을 돌보면서 노루오줌 ^{Astilbe} 과 국화 화분에 점적관수를 해 주었다. 작은 호수들이 화분마다 연결되어 있기 때문에, 물을 줄 때는 수도꼭지를 틀어 놓았다가 30분 정도 후에 꺼 주기만 하면 된다. 시간이 되면 자동으로 켜졌다가 꺼지는 시스템도 가능하다.

08/24 화

챈티클리어 가든 풀 파티

챈티클리어 가든에서는 1년에 한 번씩 롱우드 교육생들을 정원에 초대한다. 저택에 딸린 풀장에서 하는 파티다. 교육생들은 먼저 챈티클리어 가드너들과 함께 정원 투어를 하고 가든에서 뷔페식 식사를 한 다음, 풀장 주변에 모여 맥주를 마시며 물놀이를 한다. 투어를 하고 식사를 하는 것까지는 괜찮았는데, 수영복을 입고 하는 물놀이에는 차마 함께 어울리지 못했다. 하지만 누구도 강요하거나 눈치를 주지 않기 때문에 편하게 그 분위기를 즐길 수 있었다. 그리고 물놀이에 참여하지 않는 사람이 나뿐만은 아니었다. 그들과 함께 맥주를 마시며 담소를 나누는 것만으로도 아주 즐거웠다. 물론 풀장에서 노는 사람들을 보는 것도 재미있었다. 풀장 밖에서 물속으로 누가 멋지게 점프를 하며 뛰어드는지 다이빙 경합을 벌였는데, 다들 몸매도 얼굴도 너무 멋있었다.

아시아 가든 담당 가드너 리사 로퍼는 1988년부터 2년간

롱우드의 관상원예 프로그램을 이수했다. 그녀는 그 시절 국제 교육생으로 와서 함께 일했던 한국의 송기훈 선생님을 잘 알고 있었다. 그는 천리포수목원 출신 식물 전문가로, 현재 미산식물원이라는 너서리를 운영하고 있다. 미국의 대표 정원에서 일하는 사람들과 이렇게 하나하나 네트워크가 만들어지는 것이 신기하고 뿌듯했다. 이모처럼 편안하고 유쾌한 리사는 아시아 정원에 쓸 만한 한국 식물들의 추천을 부탁한다며, 송 선생님에게도 안부를 전해 달라고 했다. 중국 원산의 에메놉테리스 헨리아이 *Emmenopteris henryi*라는 희귀한 나무가 때마침 꽃이 피어 특유의 달콤한 향기를 뿜어내고 있었다.

08/30 월

수목관리팀

아보리컬처arboriculture라고 불리는 수목관리팀에 첫 출근하는 날이다. 여기는 아침 6시에 일을 시작한다. 사무실 위치를 잘 몰라 일단 원예부 빌딩으로 갔다가 잔디부 직원을 만나 차를 얻어타고 수목관리팀을 찾아갔다. 그곳은 롱우드가든의 울타리 바깥에 있었다. 메도우 가든과 연결된 이 지역에는 디렉터 폴 레드먼의 숙소가 있었고, 수목관리팀 사무실은 동화 속에 나올 법한 원뿔 모양의 지붕을 한 커다란 건물 안에 있었다. 하지만 건물의 외관은 그럴싸했는데 내부는 창고나 다름없었다. 바깥은 아직 깜깜한데 이제 막 출근한 직원들은 몹시 졸리고 지쳐 보였다. 인사도 제대로 하지 않는 분위기였다. 두 시간 동안 오리엔테이션 DVD를 시청했다. 그런 다음 팀장 머츠로부터 나무를 타기 위해 장비를 착용하는 법, 몇 가지 매듭 묶는 방법을 배웠다. 그 후 밖으로 나가, 벤이 나무 위로 줄을 던지는 법을 가르쳐 주었다. 너무 이른 아침이라 잠이 덜 깨서 그랬던 건지, 날이 밝으면서 침울했던 분위기가 점점 활기에 넘쳤다. 수목관리팀 직원들은 상남자였다. 억양과 악센트도 보통 사람들과 달리 좀 거친 것 같았다. 하지만 모두들 유머러스했다. 수목관리 업무는 온실 속 꽃을 다듬는 일과는 성격이 완전히 달랐다. 오후에는 이 직원들이 실제로 나무를 타고 전정하는 모습을 지켜보았다. 그리고 창고의 사무실 이전을 위해 청소를 시작했다. 먼지가 장난이 아니었다. 오늘도 일 마치고 녹초가 되어 숙소로 돌아왔다. 오는 길에 페로브스키아 *Perovskia abrotanoides* x *P. atroplicifolia*의 보라색 꽃과 전체적으로 흰색 톤의 풍성한 볼륨감이 눈길을 끌며 피로를 풀어 주었다.

가을은 국화의 계절이지요.
롱우드가든의 너서리에는 일명 '천송이국화'가 자랍니다.
하나의 국화 줄기에서 천 송이가 넘는 꽃이 피어나지요.
가을의 정원으로는 천송이국화정원과
풍성한 수확의 채소정원을 소개합니다.

가을의 정원들

천송이국화의 정원
채소정원

chrysanthemums

천송이국화의 정원

꽃을 다루는 최고의 기술,
하나의 줄기에서 피어난 천 송이의 완벽한 꽃

노오란 네 꽃잎이 피려고
간밤엔 무서리가 저리 내리고
내게는 잠도 오지 않았나 보다.

―「국화 옆에서」中, 서정주

국화가 만드는 가장 멋진 작품

정원에 전시될 식물들이 자라고 있는 너서리의 이른 아침은 어둡고 고요하다. 가드너들이 하나둘 출근하고 재배 온실들의 문이 열리면, 밤새 잠들어 있던 식물들도 그들의 발걸음 소리에 기지개를 켜는 것만 같다. 이윽고 호스에서 물이 뿜어져 나오면 목이 말라 있던 뿌리들은 한껏 물을 들이켜고 서서히 밝아 오는 아침 햇살 속에 또 하루의 성장을 시작한다.

너서리에는 일명 '천송이국화'라 불리는 식물이 자라고 있다. 천송이국화는 하나의 국화 줄기로부터 천 송이 이상의 꽃이 피어나도록 재배하는 것인데, 일 년 반 동안 키워 10월 말쯤 온실 전시홀로 내보낼 무렵이 되면 너비가 3미터가 넘는 거대한 나무처럼 자란다. 한낱 풀에 불과한 식물이 이처럼 크게 자랄 수 있다는 것이 놀랍기만 하다. 거기에 주먹만 한 꽃들이 반구 형태의 거대한 돔을 가득 뒤덮으며 일제히 피어나는 모습은 꽤나 인상적이다. 분명 살아 있는 식물로 만들어 낼 수 있는 가장 멋진 작품 중 하나다.

국화 재배의 기원은 3000년 전 중국으로 거슬러 올

국화 전시가 한창인
11월 온실의 풍경

라간다. 우리나라도 중국 못지 않게 아주 오래전부터 국화를 재배했는데 유구한 세월 동안 무수히 많은 품종들이 만들어졌고, 여기에 다양한 재배 기술이 더해졌다. 국화에 관한 전문적인 용어와 정보만도 상당하다. 가령 국화는 꽃이 피는 시기에 따라 하국, 추국 등으로, 꽃의 크기에 따라 소국, 중국, 대국으로, 재배 형태에 따라 입국작, 분재작, 현애작, 다륜작 등으로 불리기도 한다. 그중에서도 다륜작이라는 것은 바로 천송이국화처럼 하나의 국화로부터 최대한 많은 꽃이 피어나도록 여러 층의 원 형태 구조물을 이용하여 모양을 만드는 것이다.

원예가의 자질

처음에는 동양적인 개성이 강한 국화 전시를 미국의 정원에서도 볼 수 있다는 것이 신기했다. 더구나 다륜작의 최고 기술을 선보이는 천송이국화를 주요 전시로 선보이기까지 한다는 것은 더욱 놀라웠다. 하지만 그 배후에는 이러한 국화 전시가 미국 땅에서도 가능하게 해 주는 인물이 있었는데, 그녀는 바로 일본인 요코였다. 중국과 일본을 직접 방문하여 대가들의 국화 재배법을 손수 배워 온 그녀가 만들어 낸 국화 전시는 미국의 다른 어느 곳에서도 보기 힘든 것이다.

석 달 동안 틈나는 대로 요코와 함께 일할 기회를 얻은 나는 그녀가 열정적으로 일하는 모습을 보며 많은 것을 배웠다. 늘 바쁜 걸음과 손놀림으로 분주하게 일하며 식물들을 돌보는 그녀는 진정한 원예가의 모습이 무엇인지 보여 주었다. 원예란 채소나 과일, 화초 등을 재배하는 기술 또는 일을 말한다. 정원을 돌보는 가드너가 기본적으로 갖추어야 하는 것이 원예적인 지식과

추수감사절이 얼마 남지 않은 늦가을,
다양한 국화 전시로 볼거리가 가득한 온실
정원은 방문객들의 눈과 마음을 한껏
즐겁게 해 준다.

경험이므로 원예가라는 말은 일반적으로 정원과 너서리에서 일하는 사람들을 모두 포괄하는 말이다. 그래서 미국의 많은 식물원들에서 직원을 채용할 때 가드너라는 명칭보다는 원예가라는 말을 즐겨 사용하곤 한다.

요코가 일하는 모습을 보면서, 오래전 읽었던 카렐 차페크의 『원예가의 열두 달』이라는 책이 떠올랐다. 집에 딸린 정원을 가꾸는 저자가 자신이 기르는 식물들에 대해 온갖 세세한 마음을 쓰며 일하는 모습이 때로는 광적이기도 하고, 때로는 우습기도 하며, 끝내는 어떤 잔잔한 감동을 전해 주었는데, 요코가 바로 그런 원예가였다. 휴가 때는 어김 없이 페루나 알프스 등 고산 지대로 식물 탐험 겸 등산을 떠나는 그녀는 식물에 대한 지식이 정말 해박하다. 식물의 종류도 많이 알기도 하거니와 기르기도 잘하니 식물원 일이 그녀에게는 정말 천직인 것 같다.

천송이국화 프로젝트의 처음과 끝

천송이국화, 즉 다륜작의 주요 심사 기준은 세 가지다. 첫째, 얼마나 많은 숫자의 꽃이 달렸는가? 둘째, 한 줄기에 하나의 꽃만 달려 있는가? 셋째, 꽃들이 일정한 간격으로 보기 좋게 배치되어 있는가? 이렇게 까다로운 천송이국화를 성공적으로 만들어 내기 위해서는 맨 처음 올바른 품종을 선택하는 일이 중요하다. 크게 자라려면 그만큼 병충해나 온도 변화에 강인하고 많은 줄기를 길고도 왕성하게 만들어 내는 종을 선택해야 하는 것이다. 당연히 꽃은 크고 예뻐야 한다. 일단 천송이국화의 품종이 선택되면 7월부터 작은 삽목 가지들을 키우기 시작한다. 손가락만 한 이 작은 묘종들 중 하나가 이듬해 가을쯤이면 엄청난 크기로 자라 온실 전시홀의 주인공이 된다는 사실이 믿기지 않는다.

국화는 낮에 받는 빛의 양이 열두 시간보다 적어질 때 꽃눈이 생기기 시작한다. 따라서 국화 묘종이 막 자라기 시작한 첫해에는 해가 점점 짧아지는 시기, 즉 7월 말부터 4월 사이에 꽃눈이 생겨나지 않도록 밤마다 인공 조명을 보충해 주어야 한다. 한마디로 국화를 속여 지금은 아직 꽃을 피울 때가 아니라 계속 성장해야 하는 시기라고 깨닫게 해야 하는 것이다. 그렇게 무럭무럭 자라는 묘종들 중에서 처음에는 여덟 본의 건강한 개체가 천송이국화의 후보로 선발되는데, 그 후 몇 차례에 걸쳐 좀 더 큰 화분으로 옮겨 주며 키우다가 결국 두 개체의 후보만 남긴다. 두 후보를 유지하는 것은 만약에 천송이국화가 잘못되거나 문제가 생겼을 때를 대비해서 예비 천송이국화를 기르는 셈이다.

천송이국화는 최종 전시를 앞둔 7월 중순까지 지속적으로 순지르기를 하여 최대한 많은 곁가지가 생기도록 한다. 그리고 여름에서 가을로 넘어가며 해가 짧아짐에 따라 꽃눈이 형성되기 시작하는 9월부터는 한 줄기당 단 하나의 꽃봉오리만 남기고 다른 꽃눈들을 모두 따 주는 작업을 한다. 그리고 이 하나하나의 꽃줄기들을 미리 만들어 놓은 돔 모양의 구조물 위에 잘 정돈하여 꽃봉오리들이 일정한 간격으로 배치되도록 만드는 것이다. 마치 애벌레들이 나비가 되어 날개를 펼치듯, 조그만 꽃봉오리 속에 오랫동안 웅크리고 있던 겹겹의 꽃잎들은 때가 되면 마법에 걸린 듯 펼쳐지기 시작한다. 빛에 의존하는 국화의 생체 시계는 아주 정확하다.

9월 중순으로 접어들면서 천송이국화는 마치 출산이 얼마 남지 않은 임산부처럼 더욱더 세심한 손길을 필요로 한다. 낮뿐 아니라 저녁에도 수분과 양분 점검을 해 주어야 하는데, 그러려면 퇴근 시간 후에 누군가가 다시 너서리에 와서 이 녀석을 돌봐 주어야 한다. 한창 국화 재배에 흠뻑 심취한 나는 그 일을 자청하였다. 하루 일과를 마치고 얼마 후 다시 일터로 가는 것이 귀찮을 수도 있지만 나는 오히려 그 시간을 오롯이 내 것으로 즐길 수 있었다. 한 시간에 10달러 정도 하는 초과 수당도 나에게는 소중했다. 게다가 늦은 저녁 평화로운 호숫가에 자리잡은 너서리에 깃드는 노을이 지는 아름다운 풍경도 덤으로 즐기는 선물 같은 것이었다. 무엇보다 국화들을 좀 더 찬찬히 살펴볼 수 있는 시간을 갖는 것이 좋았다. 먼 고국에 처자를 두고 온 외로운 기러기 교육생이 이 환상적인 곳에서 시간을 보내는 방식은 일분일초라도 철저히 아껴 쓰고, 무슨 일이건 경제적으로나 자기 계발에 도움이 되는 일을 선택하는 것이었다. 어쨌건 천송이국화에 물을 주고 잎 하나하나에 골고루 양액이 묻도록 분무를 해 주다 보면, 마치 꽃집 아저씨가 된 것처럼 즐거웠다. 나도 어쩌면 원예가의 길이 천직일지도 모른다는 것을 새삼 확인하는 순간이었다.

      천송이국화 프로젝트에는 다양한 전문가들이 참여한다. 특히 천송이국화만을 위한 특수 화분과 작업대, 프레임 등을 만들고 설치해 주는 스태프들도 있다. 또 40년이 넘게 롱우드가든의 온실 가드너로 일해 온 존 할아버지는 이미 은퇴한 지 오래지만 아직도 해마다 국화철이 되면 요코를 도와주기 위해 천송이국화 팀에 합류한다. 국화의 줄기들을 하나하나 틀에 유인하여 고정시키는 일은 많은 인내와 시간이 필요한데, 존과 함께 일할 때면 그로부터 오래된 이야기들을 들을 수 있어 좋다. 우리 같았으면

떡볶이나 어묵을 간식으로 먹었을 텐데, 이따금씩 초콜릿이나 쿠키, 컵케이크를 나눠 먹는 것도 나름 즐겁다. 원래 독일 출신으로 한국에 대한 관심이 높은 존 할아버지는 팔순이 넘은 나이에도 정정함을 과시하며, 아직도 빨간색 스포츠카를 타고 다닐 정도로 열정적이다. 아마도 그의 건강 비결은 오랜 세월 동안 식물을 만지며 가드닝을 해 온 때문일 것이다. 나도 나이가 들면 저렇게 늙어 갈 수 있을까.

　　　　10월, 이제 거의 다 자란 천송이국화는 하루 20리터의 물을 마신다. 요코는 늘 화분의 수분 상태를 체크하며, 해가 쨍쨍한 날에는 하루 두세 번씩이라도 물을 주며 막바지 작업에 온 신경을 쏟아 붓는다. 그리고 10월 셋째 주에 접어든 어느 날, 드디어 완성이 된 천송이국화! 곧 천송이국화를 전시홀로 운반하기 위한 중대한 프로젝트가 시작된다. 거대한 트레일러와 함께 일군의 스태프들이 도착하고 아주 조심스럽게 천송이국화를 차에 싣는다. 이 작업을 위해 천송이국화의 화분에는 애초부터 바퀴며, 들것을 받치는 장치들이 탑재되어 있다. 트레일러 위로 옮긴 후에는 다시 나무로 보호 틀을 짜고 천으로 덮어 바람을 막는다. 그러고는 초저속 운행으로 전시홀까지 운반을 시작한다. 너서리는 식물원 밖에 위치해 있기 때문에 거쳐 가야 할 여정이 만만치 않다. 특히 다른 차들이 다니는 일반 도로를 통과해야 하는데 이것이 가장 힘든 코스다. 요코와 나는 다른 차를 타고 트레일러 차량을 뒤따라 가는데, 요코는 운송 차량이 조금이라도 울퉁불퉁한 도로의 요철을 지날 때마다 가슴을 졸이다가, 급기야 어느 지점에선가는 운전기사에게 전화를 걸어 조금만 더 천천히 가 달라고 당부를 한다. 앞뒤로 호위하는 차량들과 함께 천송이국화를 옮기는 일은 특별 수송 작전이나 다름 없다. 많은 이들이 지켜보는 가운데 마침내 천송이국화가 온실로 들어가는 문 앞에 당도한다. 큰 화분들의 이동을 원활하게 하기 위해 새롭게 만들어진 거대한 문도 천송이국화 앞에선 작아 보인다. 실제로 몇 센티미터의 차이로 간신히 들어갈 수 있었다. 천송이국화가 무사히 전시홀에 안착하고, 롱우드가든의 목수들이 특수 제작한 전시용 화분으로 최종 마무리 작업을 해 줌으로써 천송이국화 프로젝트는 끝을 맺는다. 아니, 천송이국화는 내년에도 내후년에도 계속 같은 자리에 전시될 것이기에 이것이 진짜 끝은 아니다. 너서리 온실 한켠에는 이미 이듬해에 전시될 천송이국화가 자라고 있다. 다른 많은 식물들도 마찬가지이지만 국화를 기르는 것은 네버 엔딩 스토리다. 마치 해마다 기념일이나 생일이 돌아오고 축제가 반복되듯 천송이국화 프로젝트 자체가 하나의 뜻깊은 연중 행사인 셈이다. 해가 바뀌며 천송이국화가 점점 더 많은 꽃 수를 기록하면서 요코를 비롯하여 이 일에 참여한 사람들은 더 나아진 자신들의 기량에 기뻐한다. 천송이국화가 자라던 재배 온실에서 조촐한 자축 파티를 하면서 요코가 특별히 준비한 국화꽃 샐러드를 맛보는 것은 모두에게 뜻깊은 추억으로 남았다.

국화 전시의 모든 것

천송이국화 외에도 백 가지가 넘는 서로 다른 품종을 한 줄기에 접붙여 만든 국화 작품도 있다. 커다란 롤리팝 모양도 있고, 세 가지 색깔의 국화가 층층이 피어나는 국화, 온실 기둥을

무사히 전시 온실에 자리 잡은 천송이 국화의 위풍당당한 모습

둘러싼 커튼처럼 만든 것, 거대한 방패 모양도 있고, 석탑을 본뜬 모양과 뭉게구름이 떠 있는 모양, 그리고 나선 모양으로 감아 올라가는 국화 작품 등 아이디어는 무궁무진하다. 다양한 품종, 여러 색깔의 국화를 하나의 줄기로 재배하기 위해서는 접목이라는 방법을 이용한다. 접목은 우리가 원하는 좋은 품종을 좀 더 튼튼하게 기르기 위해 비슷한 성질을 지닌 다른 식물과 접을 붙이는 것인데, 이는 과일나무나 다른 원예 작물을 재배하는 데에도 많이 쓰이는 번식 방법이다. 국화의 경우는 접을 붙일 식물로 개똥쑥 *Artemisia annua*을 이용한다. 국화를 개똥쑥에 접목하면 무더위 동안에도 뿌리 발육이 왕성하고 병해충에 강하기 때문이다. 또한 중심 줄기로부터 곁가지가 많이 생겨나고 키도 더 크게 자라는 특징이 있다.

      화단과 홀, 천장이나 벽 할 것 없이 갖가지 국화들로 가득한 온실 전시장은 아이나 어른 모두에게 즐거운 상상과 동심을 자극한다. 물론 그 특별한 감동의 중심에는 하나의 식물, 하나의 줄기로부터 피어난 천 송이의 완벽한 꽃들이 있다. 온실에서 천송이국화는 2~3주 동안 절정을 이루다가 추수감사절 무렵 생을 마감한다. 들인 노력에 비하면 턱없이 짧은 전시 기간이다. 하지만 꽃의 생리가 그러하지 않은가. 짧은 한때 온 힘을 다해 자신이 보여 줄 수 있는 최대치의 아름다움을 보여 주는 것, 그리고 그렇게 정성을 들여 만들어 낸 아름다움의 절정을 즐기는 것이 가드닝의 가장 큰 매력 중 하나이다. 또한 이것이 바로 최고의 원예가가 보여 줄 수 있는 최고의 걸작 중 하나가 아닐까!

나는 하루에 열두 번씩 채소정원을 찾곤 했다.
그곳에 서서 채소들을 바라보며 깊은 사색에 잠기곤 하는데,
그것은 이 창조 과정에 참여하지 않은 사람들은
결코 함께 나누거나 상상할 수 없는 사랑과 같은 것이다.

— 너새니얼 호손 Nathaniel Hawthorne

소박한 설렘, 채소밭의 싱그러움

　　산해진미는 즉각적으로 풍성한 맛을 주지만, 가끔씩 마음속으로 꿈꾸는 달콤한 상상도 기분 좋은 맛을 느끼게 해 준다. 가령 바다가 보이는 어디쯤 아름다운 정원이 있는 근사한 집을 떠올린다든가 하는 일은 생각만으로도 즐겁다. 멋진 곳에 근사한 집을 구하는 것은 쉽게 이루어질 수 없을지 몰라도, 정원을 만드는 일은 생각보다 어렵지 않다. 전에 어머니가 운영하시는 식당에 자그마한 채소정원을 꾸며 드리는 것을 마음속에 그려 본 적이 있었다. 그것은 그저 작은 아이디어였고 언젠가 해야지 하고 미루고 있던 일이었는데, 어느 날 아내의 적극적인 권유로 바로 양재 꽃시장에서 필요한 자재와 식물들을 구해다가 하루 만에 뚝딱 만들어 버렸다. 그렇게 쉽게 할 수 있는 일을 그동안 계속 머릿속에만 담고 있었던 것이 신기할 정도였다. 마음속에 그린 수많은 꿈 중 어떤 것은 어쩌면 그냥 실행에 옮김으로써 쉽게 이루어질 수 있는 것임을 알게 되었다. 채소정원은 특히 그러한 실천에 가장 잘 화답해 주는, 누구나 도전해 볼 수 있는 꿈의 대상이다.

　　베란다처럼 작은 공간이든 아니면 어느 정도 규모의

텃밭이든, 또는 다른 사람들과 함께 공유하는 땅이든, 채소정원은 온갖 즐거움이 가득한 매력적인 공간이다. 만약 마음속에 풍성한 채소정원을 그리고 있다면 그 꿈의 실천은 시작부터 소박한 설렘을 안겨 주고, 불과 얼마 후에는 커다란 수확과 함께 더 큰 기쁨을 더해 줄 것이다. 봄이 다가옴에 따라 채소밭에 심을 채소 종류를 고르고 씨앗을 묘판에 뿌리고 물을 줄 때, 마음은 이미 풍성해진 채소밭의 싱그러움으로 가득해지고, 마침내 하나둘씩 싹이 올라오면서 그러한 맛있는 상상은 아주 빠르게 눈앞에 나타나게 된다.

애덤의 채소정원

식물원의 채소정원은 많은 사람들이 채소정원에 대한 아이디어를 가장 잘 얻어 갈 수 있는 곳이다. 물론 식물원에 있는 채소정원은 대개 아주 넓은 면적이기에 보통 사람들이 그대로 따라하기 힘들지만, 하나하나의 아이디어는 각자의 정원에 적용하는 데 큰 도움이 된다. 무엇보다 채소들이 어떻게 자라는지 보는 것 자체가 큰 공부가 된다.

롱우드가든의 채소정원은 애덤이라는 젊은 가드너가 담당하고 있다. 애덤과 함께 채소정원에서 일하면서 가끔씩 그가 부럽다는 생각을 한 적이 있다. 채소정원이 다른 정원 구역에 비해 뭔가 생산적이고 아기자기한 재미가 있다는 느낌이 들어서일까. 어쩌면 아내와 어머니와 함께 종종 얘기하곤 했던, 채소정원을 겸비한 근사한 카페에 대한 꿈이 아직도 마음 한켠에 남아 있기 때문일지도 모르겠다.

애덤이 가꾸고 있는 롱우드가든의 채소정원은 아름다운 디스플레이 정원이 될 수 있을뿐더러, 어린이를 위한 정원, 공동체를 위한 커뮤니티 가든, 먹을거리의 소중함을 전하는 교육의 장, 그리고 아픈 이들과 기타 치유가 필요한 이들에게 건강과 재활의 기쁨을 안겨 주는 다목적 정원의 모델이 될 수 있다. 그래서인지 채소정원을 찾는 다양한 이들의 표정에는 어른이든 아이든 호기심 가득한 눈망울과 해맑은 미소가 가득하다. 특히 부모들은 자녀에게 식물들 앞에 설치된 표찰들에 적힌 이름을 확인하며 이건 뭐야 저건 뭐야 일일이 가르쳐 주느라 바쁘다. 물론 아이들에게 내색을 안 해서 그렇지 어른들도 자신들이 즐겨 먹는 채소들이 어떻게 자라는지 처음으로 접한 경우도 많으리라.

채소정원의 일 년

늘 많은 방문객들로 북적이는 주말 오후의 채소정원은 얼핏 보기에 그저 한가롭고 평화로워 보인다. 가드너들은 주로 사람들의 발길이 드문 시간을 이용해 평일 이른 아침부터 일하기 때문에, 특히 주말 방문객들은 이곳 가드너들의 부지런한 움직임을 보기 힘들다. 이곳에서 5년 넘게 일해 온 애덤은 채소정원을 언제나 최상의 수준으로 유지하기 위해 늘 분주하면서도, 그것이 자신이 가장 좋아하는 일이기에 늘 행복하게 일한다. 그중에서도 1~2월은 일 년 중 가장 인간답게(?) 바쁜 시기인데, 이때는 한 해 동안의 정원 운영 계획을 세우고 모든 걸 준비해야 하기 때문이다. 주로 바깥일이 대부분인 다른 계절과 달리 따뜻한 사무실 책상 앞에 앉아 커피잔을 옆에 놓고 책이나 인터넷, 여러 종묘 회사와 너서리로부터 날아온 카탈로그들을 살펴보며 이것저것 구상을 하는 일은 가드너가 겨울철에 누릴 수 있는 또 다른 즐거움인 듯하다.

하지만 깨끗하게 비워진 땅 위에 무엇을 얼마만큼 심

을지 결정하는 일은 생각보다 만만치 않다. 집 마당 한켠의 작은 텃밭 수준이 아니라, 500평(1600제곱미터)이 넘는 넓은 땅에 봄부터 늦가을까지 다양하고 풍성한 채소들을 가득차게 만들어야 한다면? 거기에 토양의 질적인 부분을 고려하고, 식물의 높낮이, 색깔과 질감의 조화, 지지물과 조형물의 미적인 디자인까지 완성도 높게 마무리해야 한다면? 이렇게 복잡한 계획을 짜는 일은 마치 컴퓨터 프로그래머가 복잡한 기능들을 한 프로그램에 구현하듯 치밀한 계산을 필요로 한다. 이쯤 되면 채소정원의 책임 가드너가 된다는 것은 상당한 자부심을 가져도 될 만한 일이요, 그만큼 우리의 선조들이 농사를 짓고 온갖 바쁜 일 가운데서도 텃밭에서 여러 가지 먹거리를 생산해 낸 일들이 그냥 단순한 노동으로서만 이루어진 것이 아니라는 것을 깨닫게 된다.

특히 일 년 동안 순차적으로 재배할 채소의 품종과 수량을 결정하는 일은 약간 더 복잡한 계산이 필요하다. 서리 피해가 없는 5월 중순부터 10월 초까지 약 26주간(이 기간은 지역마다 다르다.) 채소정원의 연중 스케줄은 크게 세 기간으로 나뉘는데 먼저 4~5월에는 겨울 채소들이 식재되어 6월 말까지 수확이 이루어지고, 6월부터는 여름 채소들이 식재되어 9월 말까지 간다. 마지막으로 8월 말쯤 다시 겨울 채소들이 식재되어 11월까지 수확이 이루어지게 된다. 그 사이 채소 작물마다 제각기 수확철이 다르므로 세부적인 일정표가 추가되는데, 예를 들어 무나 완두콩 등은 비교적 이른 시기에 재배와 수확이 끝나므로 그 자리에 어떤 채소를 계속 이어 나갈지에 대한 계획까지 꼼꼼하게 마련해야 한다. 자칫 머리가 아플 수도 있는 이런 일들마저 가드너의 머릿속에는 갖가지 채소들로 풍성한 정원에 대한 상상으로 흥미롭기만 하

▲ 채소정원의 디자인은 어떤 식물을 어떻게 배치할지에 대한 정확한 계산과 풍부한 상상력이 필요하다.

▼ 양배추와 꽃상추가 콩이 자라고 있는 삼각뿔 지지대를 둘러싸고 감각적으로 식재되었다.

다. 여기에 일년초 꽃들을 군데군데 배치하여 정원에 색깔과 다양성을 추가한다. 특히 아이 머리만큼이나 큰 꽃을 피우는 해바라기 꽃은 한창 채소정원이 절정을 이룰 때 어린이들에게 큰 인기를 끌 뿐 아니라, 정원에 이로운 곤충들 역시 이 꽃 덕분에 채소정원에서 한바탕 축제를 벌일 수가 있다. 식물 선택과 더불어 배치 디자인과 각종 덩굴성 채소들이 의지하고 자랄 수 있는 지지물 제작에 대한 구상을 하다 보면, 마치 예술가나 건축가가 된 것처럼 창작의 재미를 맛보게 된다. 채소정원만 가지고도 이것저것 해 볼 수 있는 아이디어는 무궁무진한 것이다.

그렇게 일 년 동안의 계획을 미리 준비하는 일로 알찬 겨울이 지나고 3월이 찾아오면 얼었던 대지가 녹기 시작하고 채소정원의 토양은 양질의 퇴비와 함께 골고루 섞여 또다시 한 해 동안의 풍성한 성장을 위한 채비를 갖춘다. 그 후 4월과 5월은 연중 가장 바쁜 시기다. 이때 거의 모든 채소들이 정원에 모습을 드러내고 일반인들에게 선을 보이기 때문이다. 텅 비어 있던 곳이 어느덧 채소들로 채워져 가는 모습은 신기하고 아름답다. 삶에서 뭔가 자신이 원하는 꿈에 대한 생각들이 처음으로 싹을 틔우고 그것을 정성껏 키워 나가는 시간들이 아름답듯이 채소밭이 서서히 모습을 갖추어 가는 과정도 그러하다.

잎상추와 시금치 같은 봄철 채소들은 5월과 6월 사이 수확되고, 스쿼시, 토마토, 오이, 호박 등 여름 채소들은 6월부터 10월까지 절정을 이룬다. 애덤의 채소정원에는 시즈널seasonal 직원 한 명과 자원봉사자 다섯 명이 함께 일하는데, 주로 잘 익은 채소와 열매들을 수확하는 일, 잡초를 제거하는 일과 거름 주기, 병충해 관리 등의 일들이 뒤를 잇는다. 특히 콩 종류와 토마토 들은 열매들이 한창일 때 거의 이틀에 한 번꼴로 수확을 해 주어야 하기 때문에 잔손이 많이 간다. 또한 당근 같은 구근류는 수확을 위해 구근을 뽑아낸 후 그 자리에 다른 식물들을 심어 주어야 하므로 역시 꼼꼼한 관리가 필요하다. 한편 장마철에 비가 너무 많이 오면 잘 익은 채소 밭은 쉽게 엉망이 되어 버리기 때문에 더욱더 신경이 쓰이고 손이 많이 간다.

한여름 채소밭은 그야말로 땡볕이다. 가드너는 땀과 흙먼지를 뒤집어쓴 채 고생이지만, 채소들은 더없이 행복해 보인다. 정말 무더운 날은 물도 하루에 두세 번씩 주어야 하는데, 보통 햇빛이 강렬한 한나절을 피해 이른 아침이나 늦은 오후 시간을 이용한다. 비교적 선선한 때라 물 주는 사람도 좋지만 식물들도 이 시간대에 그만큼 물을 잘 들이킬 수가 있다. 하지만 저녁에 주는 물은 자칫 식물과 땅을 너무 오랫동안 습하게 만들어 병해충을 일으킬 수도 있으니 조심해야 한다. 많은 사람들이 잘 모르는 부분이 8~9월부터 다시 한차례 채소들을 길러 먹을 수 있다는 것인데, 이때 봄철에 재배했던 상추 등을 다시 시작하여 늦가을까지 상당량의 수확을 거둘 수 있다. 빈 땅이 인간에게 줄 수 있는 것은 이렇게 넉넉하고 푸짐하다. 다만 누군가 그만큼 꾸준하고도 성실하게 그 땅과 식물들을 가꾸어 준다면…….

채소정원에서 가을은 가장 좋은 계절이다. 무엇보다 주변과 어우러진 풍경이 가장 아름답고 날씨도 가장 좋으며 온갖 수확물들로 더할 나위 없이 풍성한 느낌을 주기 때문이다. 추수감사절이 다가오면서 정원 한켠에 마련된 호박 전시는 그러한 가을의 정취를 한층 더 깊이 무르익게 한다. 추석 명절과 가족, 친지가 그리워지는 때, 먼 이국 땅에서 만나는 가을 채소정원의 풍경은 때때로 생경한 낯설음으로 다가오기도 한다. 하지만 머지 않아 어머니의 채소 화단을 더욱 멋지게 꾸며 드릴 날을 꿈꾸어 보는 것만으로도 지금 이곳에서 배우고 경험하는 모든 순간들에 더욱더 매진할 수 있게 해 주는 힘이 되곤 한다.

채소정원을 위한 팁

채소정원을 찾는 많은 사람들이 묻는 질문들 중 하나는 이 많은 열매와 채소를 다 어떻게 할 것이냐이다. 물론 그중 일부는 어린이를 비롯한 일부 방문객들이 따 가기도 하고, 발 빠른 토끼 등 야생 동물들의 차지가 되기도 한다. 그 외에 채소정원에서 길러진 엄청난 양의 채소들은 대부분 롱우드가든 레스토랑의 식재료로 쓰인다. 미국에서 전통적으로 대대로 물려져 내려온 토종 에얼룸heirloom 토마토 등 엄선된 채소들이 정원에서 아주 귀한 대접을 받으며 자란 만큼 레스토랑에서도 주방장의 특별한 요리 재료로 쓰이게 되는 것이다.

애덤의 채소정원에서 배운 것이 있다면, 먼저 재배할 채소의 선택에 관한 것이다. 너무 과한 욕심을 버리고 꼭 필요하고 그 지역에서 잘 자라는 것이 확인된 채소들 위주로 하는 것이 좋다. 특히 병해충에 강한 품종을 선택하고, 식재 간격을 적당히 주어 식물이 건강하게 자랄 수 있도록 하는 것이 중요하다. 무엇보다 재배하려는 식물에 대해 어느 정도 미리 공부해 둘 것과, 매일 15분씩이라도 정원을 둘러보며 일상적인 관리를 해 주는 것이 이따금씩 한번에 몰아서 일을 하는 것보다 훨씬 쉽고 즐겁게 채소정원을 즐길 수 있는 방법이다. 화단을 지면보다 높게 올려 주면 물도 잘 빠지고 통기성도 좋아 채소들에게 최적의 환경을 제공한다. 애

덤의 채소정원에서 일하는 동안, 정원이 단지 아름다움만을 전하는 곳이 아니라 가족과 친구들, 어린이와 공동체가 함께 즐기는 커뮤니티 가든으로서, 과거 선조들에게도 그랬지만 앞으로 우리에게도 더욱 의미 있는 공간이 될 것이라는 희망을 재확인하게 되었다.

가드너의 가을

흙과 먼지 속에서 화단을 일구다
롱우드 교육생의 일상

09/02 목

안전 교육

늦잠을 잤다. 5시 30분에 일어난 것이다. 최악이었다. 머리도 못 감고 점심 도시락도 준비하지 못했다. 출근하자마자 침엽수원에서 파쇄 작업이 시작되었다. 보안경을 써야 하는데 이미 쓰고 있는 안경 위에 추가로 착용해야 하니 너무 불편했다. 아침도 못 먹었는데 일거리가 엄청났다. 레이크로 잔가지를 긁어 모아 차에 싣는데, 카일이 레이크 사용법을 가르쳐 주었다. 나무가 심겨진 곳 주변은 각도를 낮추어 살짝 긁어내고, 풀밭 위는 수직으로 세워 세게 긁어낸다. 카일은 한국말에 관심이 많았다. '안녕하세요'나 '사랑해' 같은 말은 이미 알고 있었다. 영어로 왓스 업what's up이 한국말로 뭐냐고 물어봐서 친절하게 가르쳐 주었다. 그 밖에 가벼운 욕이나 비속어에도 관심이 많아 몇 가지 가르쳐 주었는데, 바로 동료들한테 농담으로 써 먹으며 아주 재미있어 하였다. 벤에게 "닥쳐! 큰머리야."라고 말할 때는 조금 당황스럽기도 했다.

점심은 롱우드가든 레스토랑에 가서 샌드위치를 사먹었다. 마침 오늘은 임직원을 위해 셔츠 숍을 오픈하는 날이어서 20달러짜리 파란색 후드티도 하나 구입했다. 오후에는 안전을 위한 미팅이 있었는데, 식물원 내 응급 상황 발생 시 조치 사항과 장비 사용법에 대해 배웠다. 정원에서 일하려면 식물만 알아서 되는 게 아니라 이렇게 고객들을 위한 많은 일들을 배워야 한다. 특히 안전은 그 모든 일보다 우선이라는 것을 알게 되었다.

09/03 금

수호초

롱우드가든 정문 쪽 가로등에 램프가 나갔다. 대형 박스카한 대와 시큐리티 차량 두 대가 출동했다. 램프 하나 교체하는 데 세 시간이나 걸렸다.

오후에는 옥외 정원사 마크와 함께 일했다. 분수광장 옆 카우롯Cow Lot 지역에 수호초 식재지가 있는데 그곳에서 풀을 뽑았다. 여기에서 자라는 수호초는 우리나라에서 잘 자라는 종류 *Pachysandra terminalis*와 좀 다른 프로쿰벤스수호초 *Pachysandra procumbens*다. 둘 다 상록성이라서 지피(地被)식물로 많이 사용된다. 다만 꽃이 피는 모습이나 잎의 질감과 무늬가 조금씩 다르다. 한자어로 수호초(秀好草)는 아름답고 좋은 풀이라는 뜻인데, 아마 겨울에도 푸른 잎이 예뻐 그런 이름이 붙은 것 같다.

09/04 토

앤드루

오늘은 토요일이지만 온실 관수 당번이다. 아침에 온실로 출근해서 앤드루를 만났다. 뉴욕 헌팅턴 출신의 그는 온실 과수원과 어린이정원 담당 가드너다. 요즘 뭐 공부하는 거 없냐고 했더니, 특별한 건 없고 그냥 식물에 관해 백과사전식 지식을 습득 중이라고 했다. 그러고 보니 앤드루는 참 아는 것이 많은 것 같았다.

저녁에는 비빔밥을 해먹었는데 올리브유에 채소를 볶은 다음 비볐더니 너무 기름져서 실패하고 말았다. 아내와 딸아이랑 스카이프를 하고 블로그에 하민이 사진을 올리는데 갑자기 울컥해서 눈물을 쏟고 말았다.

09/05 일

관수 작업의 순서

오늘도 온실 관수 작업을 위해 출근해서 앤드루와 함께 일했다. 내가 관수해야 할 구역은 모두 다섯 군데 정도다. 고사리원을 시작으로, 순차적으로 프루트 하우스Fruit House, 7번 그린하우스, 난 재배하우스, 4번 그린하우스를 돌며 관수를 해 주면 된다. 구역별로 식물이 다르기 때문에 물 주는 방법도 다르다. 양치식물과 난초는 전체적으로 충분히 샤워를 시켜 줘야 하고, 과수 종류나 기타 초화류는 화분의 흙 위로 개별 관수를 해 준다.

관수 작업을 마친 후 온실 중앙홀 행잉 화분으로부터 떨어진 후크시아 꽃잎을 주웠다. 불꽃놀이가 있는 날이어서 엄청난 인파가 몰렸다. 한국 사람들도 많이 눈에 띄었다. 휴일에 가족 단위로 놀러 오는 사람들을 보면 많이 부러운 게 사실이다. 이 시기만 잘 이겨 내면 곧 나도 식구들을 만나 행복한 시간들을 보내겠지만, 계속 식물원에서 일하게 되면 주말에 일을 해야 하는 상황은 어쩔 수 없을 것이다. 저녁에는 자이언트 마트로 쇼핑을 다녀왔다. 크랩을 좀 사다가 샐러드를 푸짐하게 만들어 먹었다.

09/06 월

노동절 휴일

아침 6시부터 10시까지 어젯밤 불꽃놀이 후 잔해를 청소하는 작업을 했다. 시간 외 수당이 나오는 작업이어서 미리 신청을 해 놓았다. 롱우드 외곽에 올해 새로 지어진 반barn에 모였다. 어제와 달리 날씨가 급격히 차가워진 것을 느꼈다. 새로 구입한 후드 점퍼를 입어야 했다. 어제 올 시즌 마지막 불꽃놀이는 5000장의 표가 모두 매진되어 성황리에 끝을 맺었다. 불꽃놀이의 잔해를 줍는 게 오늘의 미션이다. 바람이 롱우드 외곽 쪽으로 불어 일이 수월했다. 아침 햇살과 신선한 공기가 참 좋았고 일을 한다기보다 산책을 하는 느낌이었다.

작업 후 숙소로 돌아오는 길에 새로운 중국 인터내셔널 교육생인 링을 만났다. 롱우드가든을 한 바퀴 돌면서 주변 안내를 해 주었다. 링은 중국 포레스트 대학교 관상원예학과 졸업 후, 난초 관련 석사 학위를 받았으며, 베이징 식물원에서 1년 인턴을 마쳤다고 했다. 이 프로그램 후에 앞으로 박사 학위도 받을 예정이라고 했다. 차분하고 성실하게 한 발짝 한 발짝 자기 길을 가는 게 좋아 보였고 부럽기도 했다.

저녁으로 감자양파볶음과 옥수수를 먹었다. 인도에서 온 교육생 자르넬은 고민이 깊어지는 것 같았다. 요즘 저녁에는 시간 외 근무로 너서리에서 요코를 도와 국화 재배하는 일을 하고 있다. 오늘은 자르넬이 동행했는데, 너서리 재배하우스 옆 호숫가에 앉아 생각에 잠긴 자르넬의 모습을 보니 안쓰러웠다. 고국의 가족들, 특히 딸이 자신을 너무나 보고 싶어 하고, 처음 기대와 달리 이 프로그램에 대한 회의감에 빠진 것이다.

오늘은 노동절로 미국의 공식적인 휴일이었지만, 나는 평소보다 더 많은 일을 한 것 같다. 일도 일이지만 고민도 참 많았던 하루였다.

09/09 목

필드트립 3

필드트립을 다녀왔다. 롱우드가든에서 미디어Media 방면으로 50분 거리에 있는 타일러 수목원이다. 17세기 후반 윌리엄 펜이 처음으로 펜실베이니아에 터전을 마련할 때부터 존재했던 땅으로, 19세기 초 페인터 가의 형제들이 수목원을 만들기 시작했던 유서 깊은 곳이다.

직원의 안내에 따라 수목원을 둘러보았는데, 특히 잎색이 청록색을 띠는 넓은잎삼나무Cunninghamia lanceolata가 인상적이었다. 커다란 나무들 주변으로 만들어 놓은 트리하우스와 아이들이 정말 좋아할 만한 요정 콘셉트의 작은 빌리지가 숲속에 꾸며져 있었다.

09/10 금

자르넬

자르넬이 떠났다.

09/11 토

주말 너서리 작업

주말에는 너서리에서 일을 한다. 오전 9시부터 오후 2시까지 관수 작업을 했다. 날씨는 환상적이었다. 엠피쓰리를 들으며 일을 하니 지루하지도 않고 시간도 잘간다. 케빈과 잠깐 이야기를 나누었는데, 참 농담을 잘하는 친구다. 처음에는 너무 진담처럼 농담을 해서 잘 적응이 안 되었는데, 이제는 내가 제법 맞장구도 쳐 주니 케빈도 재미있어 한다.

저녁에는 국화를 돌보는데 미스트 기계가 고장이 나서 요코가 직접 너서리로 왔다. 호스를 이용해서 미스트 하는 방법을 알려 주었다.

09/12 일

무비 나이트

아침에 너서리에 갔다가 비가 오는 관계로 그냥 왔다. 점심에는 마트에 가서 장을 보았는데 자르넬이 없으니 허전했다. 저녁에도 국화 작업을 하러 너서리에 갔다가 역시 부슬비가 내리는 관계로 국화 접목 화분에 미스트 스프레이만 하고 왔다.

저녁은 고구마로 때웠다. 우리 숙소에서 교육생들이 모여 영화를 3편 정도 내리 보았다. 킬리, 알렉스, 스티븐, 데이비드, 톰, 또 다른 데이비드……. 나도 맥주를 마시며 같이 영화를 보았다. 일도 열심히 하고, 언제나 하고 싶은 것들을 즐겁게 하고 사는, 여기 친구들의 자유분방함이 좋다.

09/13 월

크리스마스 라이팅 작업

크리스마스 시즌을 위해 나무에 전구를 매다는 작업을 시작했다. 시간이 아직 많이 남은 것 같은데 나무가 워낙 많다 보니 이렇게 미리 준비를 한다. 수목 관리팀이 이런 일도 해야 하나 싶기도 한데, 일단 커다란 나무에 올라가 맨 꼭대기에서부터 전구가 달린 선들을 칭칭 감아 줘야 하므로 이들의 전문성이 필요한 것은 분명하다.

아침에 작업을 시작하려고 보니, 어젯밤 비에 나무들이 아직 축축했다. 나무를 타다가 미끄러질 수도 있으니 한 시간 후인 7시 반부터 일을 시작하기로 했다. 작업 전에 장비를 착용하고 안전 사항을 점검한다. 나는 아직 나무 타는 게 익숙지 않기 때문에 나무의 중심 줄기 주변에서만 작업을 했다. 다른 직원들은 줄기와 줄기 사이를 날아다니듯 줄을 타고 다니는데, 나는 주변 가지로 이동하는 게 만만치 않았다. 수목 관리 직원들은 이 분야의 전문가이다. 벤은 국제수목관리협회 IAS의 트리 클라이밍 대회 수상 경력도 있다. 험하고 힘든 일이지만 모두들 프로답게 일하는 모습이 멋지다. 매듭을 만들고, 나무에 줄을 걸고 푸는 작업은 매우 과학적이다. 이 기술을 모두 익히려면 많은 연습이 필요할 듯하다.

오후 2시 반에 끝나고 숙소로 돌아와 샤워를 하고 나니 3시다. 저녁에 너서리 국화 작업을 나가기 전까지 세 시간 정도의 시간이 있는데, 멍하니 있다가 저녁 준비하고 하다 보면 금방 시간이 지나가 버린다. 오늘은 국화 작업 하러 가는 길에 근처 해바라기 밭에 들렀다. 수천 평 되는 곳이 키 큰 해바라기 꽃으로 꽉 차 있다. 사진을 찍고 근처 맥주 도매 상점에서 맥주를 두 박스 샀다. 한 박스는 하우스메이트인 데이비드에게 선물로 줄 생각이었다. 데이비드가 추천해 준 맥주는 밀러 하이라이프와 미첼롭, 그리고 빅토리 라거였다. 집에 돌아오니 8시, 저녁 밥을 해 먹고 정리하고 나니 이제 잘 시간이다. 해야 할 일은 참 많은데 하루 해가 너무 짧다.

09/14 화

깜깜한 숲길

오늘도 정문 주차장 나무들을 대상으로 크리스마스 라이트 작업을 했다. 오늘은 나무에 올라가지 않고 밑에서 이것저것 도와주는 그라운드 맨ground man 역할을 맡았다. 팀장인 앤드루는 내가 지금까지 최고의 그라운드 맨이라고 엄지를 치켜 들었다. 보조 역할을 잘한다는 게 썩 내키지는 않았지만 어쨌든 칭찬을 들은 셈이다.

요즘은 너무 자주 배가 고파 스낵을 가지고 다니는데 오전에 벌써 오트밀 레이신을 두 개나 먹었다. 요코를 도와 저녁에 국화 작업을 하는 것은 오늘로 끝이다.

저녁 강의를 들으며 데이비드 컬프처럼 식물에 대한 지식과 경험들을 재미있는 이야기로 줄줄 할 수 있다면 참 좋겠다 생각했다. 쉬는 시간에는 챈티클리어 가든에서 온 인턴과 잠시 대화를 나누고, 데이비드 컬프와도 짧게 이야기를 나누었다. 워싱턴 디시와 뉴욕에 있는 많은 정원들을 방문해 보면 식물 공부에 많은 도움이 될 거라고 얘기해 주었다.

강의가 끝난 후 업무 차량을 원예부 빌딩에 반납하고 자전거를 타고 숙소로 오는데 어디가 길인지도 모르게 숲길이 무척 깜깜했다. 때로는 지금 내가 가는 길이 이렇게 어둡게 느껴지곤 한다. 당장 내일 모레 델라웨어 대학교의 밥 라이언스 교수와 미팅이 있는데 뭘 준비해야 할지 잘 손에 잡히지 않는다. 중요한 건 내가 왜 롱우드 대학원 과정에 지원하는지와, 내가 어떻게 그 프로그램에 기여할 수 있는지에 대한 것, 또 앞으로 무얼 하고 싶은지, 특히 어떤 논문을 쓸 것인지에 대한 것까지 정리를 해야 할 듯하다. 하지만 모든 게 머릿속에서만 맴돌 뿐 확실한 가이드라인을 마련하지 못하고 있다.

09/18 토

다알리아 쇼

토요일이지만 일찍 일어나 출근 준비를 서둘렀다. 주말 동안 다알리아 쇼가 열리는데 자원봉사를 신청해 놓았기 때문이다. 일하러 가는 건데 설레고 신이 났다. 다알리아는 내가 가장 좋아하는 꽃 중 하나다. 큼직큼직한 꽃들이 오래가기도 하거니와 모양과 색깔이 다양해서 정원을 풍성하게 만들어 준다.

우리가 알고 있는 다알리아는 대부분 작은 화단에 심는 한해살이 꽃인데, 내가 좋아하는 다알리아는 보다 크게 자라는 여러해살이 구근 다알리아다. 선인장 모양, 수련 꽃 모양, 동글동글한 폼폰pompon 모양 등 꽃 형태에 따라 그룹을 나눈다. 우리나라처럼 겨울이 추운 기후대에서는 고구마처럼 뿌리줄기를 캐다가 얼지 않는 곳에 보관했다가 이듬해 다시 정원에 심어 관리한다.

다알리아가 가득한 정원은 장미원 못지않게 화려하다. 나폴레옹의 부인 조세핀도 전 세계에서 수백 품종의 다알리아를 수집할 정도로 마니아였다고 한다. 자기 허락 없이 다알리아 구근을 이웃에게 분양한 하녀를 내쫓은 것은 좀 심하긴 하지만, 그녀의 다알리아 사랑을 충분히 이해한다.

롱우드가든 온실에서 열리는 다알리아 쇼는 필라델피아 다알리아 협회 회원들이 개최하는 연례행사다. 아침 일찍 온실로 가서 협회 회원들을 도왔다. 한 사람씩 자신이 정성껏 키운 다알리아 꽃들을 가지고 오는데, 그 꽃들을 전시장으로 운반해 주는 일이다. 개중에는 사람 얼굴만 한 크기의 꽃도 있어 보는 순간 웃음이 절로 난다.

편 플로어Fern Floor라고 부르는 온실 전시홀은 원래 물을 찰랑찰랑 채우고 주로 거대한 나무고사리와 시즌별 특수 식물을 전시하는 공간인데, 다알리아 전시를 위해 물도 빼고 나무고사리들도 가장자리로 이동시켰다. 온실 천장에 높게 매달린 행잉 화분들도 오늘은 잠시 자리를 양보했다.

회원들이 키운 꽃들은 심사를 위해 하나의 꽃줄기만 잘라 화병에 넣어 전시한다. 마치 미인 선발 대회에 참가한 것처럼 곱게 단장한 수백 송이의 다알리아 꽃들이 단상을 가득 채우고 심사위원단의 평가를 기다리고 있다. 그 자체로 훌륭한 볼거리다. 주변엔 다른 꽃들과 함께 꽃꽂이를 해놓은 전시 공간도 있다. 개장 시간인 9시가 다가오면서 전시 홀은 점점 더 바빠진다. 예쁜 꽃들을 보는 것도 즐겁지만 얼굴에 미소 가득한 다알리아 애호가들의 분주한 모습을 지켜보는 것도 재미있다. 삶의 가치관은 여러 가지가 있겠지만 꽃 한 송이 키우는 행복에 가치를 두는 삶도 충분히 매력적이다.

09/23 목
상키 페킹 덕 하우스

요즘은 너서리에서 천송이국화 작업이 한창이다. 11월 초에 온실에 전시를 하게 되는데, 지금은 국화의 꽃눈을 열심히 따 주면서, 이 거대한 다륜대작을 위해 특별히 제작한 지지물에 줄기를 하나하나 묶어 주는 작업을 한다.

오후에는 매월 한 번 하는 숙소 지역 대청소를 하고, 저녁에는 친한 교육생들, 그리고 요코와 필라델피아로 외식을 다녀왔다. 오리고기를 전문으로 하는 상키 페킹 덕 하우스라는 중국 음식점이다. 삼시 세끼 내 손으로 변변치 않게 끼니를 챙겨 먹다가 이렇게 외식을 하니 좀 살 맛이 난다.

09/26 일

고향의 맛

　　부슬비가 오락가락하는 하루였다. 오전 9시부터 한 시간 동안 너서리에서 관수 작업을 했다. 아내와 스카이프 통화도 하고 마트도 다녀왔다. 저녁에는 요코가 찾아와 밤과 대추, 배를 주고 갔다. 근처 나무에서 수확한 것들, 그리고 아시안 마트에서 사 온 것들이다. 주변에 밤나무와 대추나무가 있는데, 여기 사람들은 아무도 먹지 않는다. 그리고 마트에서 파는 배는 길쭉하게 생긴 서양배인데, 오늘 요코가 가져다준 배는 한국에서 먹던 동그랗고 큼직한 바로 그 배였다. 같은 동양인이어서인지 요코는 고향 시골 마을 이모처럼 다정하고 이것저것 많이 챙겨 주어 참 고맙다. 소중한 인연이 될 것 같다.

09/27 월

대형 사고

　　오늘도 비가 내리는 가운데 너서리 온실에서 천송이국화 작업을 계속했다. 당장 11월에 전시할 천송이국화도 중요하지만 내년에 사용할 천송이국화를 지금부터 미리 준비하는 것도 매우 중요하다. 천송이국화를 하나 완성하는 데는 1년 6개월이 걸린다. 지난 5월 삽수를 받아 번식해 놓은 천송이국화 후보 화분 여덟 개가 지금 무럭무럭 자라고 있다. 오늘은 그 화분들의 분갈이 작업을 해 주고 여덟 개 중 두 개는 버리고 여섯 개만 선발하는 작업을 해 주었다. 분갈이 후에는 화분마다 지주 네 개를 세우고 끈으로 줄기 주변을 둘러 준다. 그런데 작업이 끝난 후 화분을 옮기다가 나의 부주의로 줄기 하나가 꺾였다. 대형 사고다! 천송이국화로

키웠을 때를 생각해 보면 그 작은 줄기 하나에서 뻗어나올 수십 송이의 꽃들이 사라진 셈이다. 아무리 맘 좋은 요코지만 얼굴에 당황한 기색이 역력했고 나는 몸둘 바를 몰랐다. 되돌릴 수 없는 일이지만, 또 나머지 후보들이 있으니 앞으로는 조심에 또 조심을 해야 할 일이다. 그 밖에 다른 국화 작품작들의 어린 묘들도 분갈이를 해 주었다. 분갈이 용토는 일반 흙 1: 가는 쇄석 1: 퇴비 3으로 구성되고, 그 외 과립형으로 된 비료를 섞어 준다.

저녁에는 카레라이스를 해 먹었는데, 너무 많이 끓여 물이 부족했다. 하우스에 같이 사는 다른 교육생들은 시험 준비와 다른 프로젝트로 매우 바쁜 것 같았다. 특히 프로페셔널 가드너 과정 1학년들은 내년 초에 있을 해외 견학 준비 발표를 내일 할 예정이다. 이들은 텃밭에서 가꾼 채소들을 롱우드가든 레스토랑에 납품해서 얻은 수익으로 해외 식물원 견학을 가게 된다. 이번에는 태국, 사우스아프리카가 후보지라고 한다. 저녁에는 요코가 모찌와 일본 쿠키를 가져다주었다. 오늘 사고를 친 나에게 얼굴을 붉힌 것이 맘에 걸렸던 모양이다.

09/28 화

애쉬비

오전에 애쉬비가 너서리에 와서 같이 일을 했다. 애쉬비는 버지니아 출신에 붉은 금발을 지녔는데, 현재 롱우드 대학원 과정 1학년이다. 항상 밝게 웃으며 말을 건네주어 고맙게 느껴지기까지 한다. 요코와 딘과 나는 이백송이 다륜대작 국화에 고정 틀을 설치하고 꽃받침을 매다는 작업을 했다.

09/30 목

이백송이 다륜대작

아침에 너서리에 출근하여 일하고 있으니 요코가 와서 반갑게 인사해 준다. 바쁜 시기에 어제 하루 쉬어서 좀 미안하기는 했지만, 여기는 한국과 달리 회사에서의 일과 개인적인 시간은 철저하게 분리되어 있어 아무리 일이 바빠도 눈치를 많이 안 봐도 되니 좋다. 바빠도 휴일과 휴가는 꼭 챙겨서 사용하고, 그 빈자리로 인해 일에 차질이 없도록 더 많은 사람들을 고용해서 일을 하는 체제다. 물론 이렇게 하자면 그만큼 인건비가 많이 들겠지만, 인력 관리를 잘하고 그로 인해 더 큰 효과를 거둬들인다면 모두가 좋은 것이 아닌가. 이백송이 다륜대작 국화 작업을 마무리했다.

10/01 금

마이클 폴란

일이 끝난 후 빛이 좋아 가든으로 사진을 찍으러 나섰다. 가벼운 트레이닝복 차림에 카메라 가방을 둘러메고 자전거를 타고 나서니 차갑고 시원한 바람에 기분이 상쾌했다. 먼저 아이디어가든으로 가서 호박 특별전을 보았다. 해가 이미 많이 기울어진 뒤라 사진 찍기에는 빛이 썩 좋지는 않았지만, 호박들 하나하나의 사진과 표찰을 찍고 돌아왔다. 내일 아침에 날이 좋으면 다시 한번 찍어야겠다는 생각이 들었다.

테드닷컴Ted.com에서 마이클 폴란의 강의를 듣고 감명을 받았다. 요지는 데카르트식의 사고방식에서 벗어나 다위니즘의 방식으로 세상을 바라보면 좀 더 자연과 생태계를 지키고 모두가 상생하는 지구 환경을 만들 수 있지 않을까 하는 것이다. 자신의 가든에서 일을 하며 얻게 된 여러 생각과 세상을 보는 도구에 대한 이야기들이 아주 재미있고 솔깃했다. 사실 그가 쓴 책 『욕망의 식물학』은 한국에서 번역본으로 접했지만 그다지 재미있게 읽은 기억이 없었는데, 단 15분 정도의 강연을 듣고 그의 생각에 완전히 사로잡히고 말았다. 어떻게 보면 억지스러운 부분도 있지만 분명 새로운 시각이 주는 신선함이 얼마나 큰 영향을 미치는지 깨달았다.

10/04 월

이백송이국화 완성

비가 내린다. 아침에 천송이국화의 꽃눈을 정리하는 일을 했다. 철제 작업대 위에 올라가 천송이국화의 꼭대기 부분에 있는 꽃눈을 따 주었다. 꽃줄기마다 한 송이의 국화꽃만 필요하기 때문에 나머지 자잘한 꽃눈들은 모두 제거해 준다. 그래야 한 송이 한 송이 국화가 모두 크고 탐스럽게 피어날 수 있다. 2미터 이상 높이 올려진 작업대 위에 쪼그리고 앉아 꽃눈을 따 주는 작업도 만만치 않다. 하지만 얼마 후 롱우드가든의 화려한 온실로 이동하여 꽃을 피우고 수많은 사람들의 찬사와 카메라 세례를 받게 될 천송이국화의 모습을 상상하니 그저 즐겁기만 하다. 내가 꽃눈을 따는 사이 요코는 지난주에 만들다 만 이백송이국화의 꽃줄기들을 틀에 유인하는 작업을 했다. 나는 꽃눈 따는 작업을 마친 후 요코가 유인한 꽃줄기에 꽃받침을 달아 주는 작업을 했다. 하단부 두 줄만 남았는데, 하다 보니 시간이 꽤 오래 걸려 결국 오후 시간까지 모두 쓰고 말았다. 요코에게 얘기했더니 빨리빨리 하는 것보다 하나하나 세심하게 해 주는 게 좋다며 내가 일하는 게 마음에 든다고 했다. 두 번째 이백송이국화도 완성했다.

10/05

너서리의 장인들

치과에서 두 시간 반 동안 치료를 받고 오는 길에는 와와

WAWA 편의점에 들러 터키샌드위치와 커피를 사서 먹고, 오후에는 너서리에 가서 일했다. 존이 요코를 도와주러 왔다. 팔순이 넘은 존은 독일 출신으로 롱우드의 가드너로 일하다가 오래전에 은퇴했지만 은퇴 후에도 계속 파트타이머로 일을 한다. 올해로 43년째 롱우드에서 일하고 있는 셈이다. 주로 행잉 바스켓을 만들고 있는데, 처음으로 롱우드에 행잉 바스켓과 스탠다드를 만든 장본인도 바로 그다. 『뉴 토피어리 The New Topiary』°라는 책에 존이 작업했던 내용들이 자세히 나와 있다.

   요코와 존이 함께 일하는 모습을 보니 참 정겹다. 진정으로 식물을 사랑하는 사람들이다. 가끔 외로워 보이기도 하지만 식물과 함께 있을 때만은 정말 행복해 보인다. 몇 달 새 존의 얼굴에는 반점과 생채기들이 늘어 있다. 하지만 연세가 많은데도 이렇게 식물과 함께 일하면서 나이 들어 가는 모습에 여유와 행복이 느껴진다. 나는 가끔 나이 드는 게 무서운데, 정말 멋지게 늙어 가는 분들을 보면 그런 두려움보다는 삶에 대한 어떤 용기를 갖게 되곤 한다.

10/06 수

선택의 역설

   아침에 요코와 존, 수와 함께 캐스케이드 멈°° 작업을 시작했다. 꽃받침을 매달 수 있도록 틀을 설치하고 꽃줄기를 하나하나 정리하

° Patricia R. Hammer, *The New Topiary*(Garden Art Press, 1991).

°° Cascade Mum. 한자어로는 현애작(玄崖柳)이라고 하며, 길다랗고 커다란 방패 모양으로 만드는 국화 작품을 말한다.

여 배열한 뒤 꽃받침을 부착하는 작업이다. 이렇게 모두 어떻게 보면 이 방인들끼리 모여 이야기하며 일하는 시간이 편안하고 좋았다. 존에게 행잉 바스켓과 스탠다드에 대해 이것저것 물어보았는데 크리스마스캑터스를 비롯해 만데빌라, 브루그만시아, 후크시아 등 많은 종류의 식물이 그 대상이었다. 디렉터가 누구냐에 따라 어느 정도 식물의 종류가 결정되었다고 한다.

     작업하는 중간, 국화와 에키움을 재배하는 토양의 피에이치 pH 테스트를 했다. 샘플로 흙을 한 컵 정도 비닐봉지에 담아 리서치 팀에 넘겨주면 오후쯤 결과가 나온다. 에키움의 토양이 피에이치가 좀 낮게 나와 산성임을 알 수 있었다. 조만간 석회질을 처방하기로 했다. 국화 화분에는 한 달에 두 차례씩 석회질을 시비하여 피에이치 농도를 맞춰 준다. 또한 국화에는 오스모코트라는 완효성 비료도 정기적으로 시비해 준다.

     요코와 잠시 본관에 다녀오는 길에 포포나무에 관한 이야기도 들었다. 지금이 열매가 떨어지는 시기인데 하나도 찾지 못했다. 피어스우드에도 이 나무가 있다고 하니 주말에 확인해 봐야겠다. 방문객 주차장 도로변에 있는 나무가 산딸나무인 줄 알았는데 전혀 다른 나무라고 한다. 이름을 들었는데 잊어버렸다. 기억력이 나쁘면 반드시 메모하는 습관이 필요하다.

     오후 내내 작업하여 캐스케이드 멈은 5분의 1 정도 완성된 것 같다. 5인치씩 간격을 정확히 맞추어 틀을 설치하고 꽃줄기를 배열하는 일이 쉽지 않고 시간이 많이 걸린다. 요코 역시 자신을 초심자라고 말하며 작년에 일본에 갔을 때 찍은 국화 사진을 모델로 삼고 그 재배자를 높이 평가하고 있었다. 국화는 1년에 오직 한 번밖에 연습을 할 수 없기 때문에 오랜 시간이 걸린다고……. 한국에서 출간된 『국화세상』이라는 책의 저자도 비슷한 이야기를 했던 것 같다. 식물을 하는 사람들은 그래서 참 존경스럽다. 겸손한 자세로 기다리고 다시 해 보고 또 새로운 것을 찾고…….

연세가 많은 존과 교육생인 나, 자원봉사자인 수 모두 열심히 요코와 함께 일을 했고, 요코는 모두에게 세심하게 일일이 이것저것 챙겨 주었다. 중간에 온실 전시 디자이너 짐 서튼이 와서 전시 계획에 관해 요코와 상의를 했고, 그 밖에 국화 틀을 제작해 주는 데이비드와 다른 몇몇 직원들이 찾아와 요코와 이야기를 나누었다. 국화 전시에 관한 한 요코가 중심이었고 모두들 요코를 높이 평가했다. 요코는 사진 찍기를 좋아하는데, 이른 아침 국화 재배하우스 옆 호수 위로 물안개가 피어오르고 먹구름 사이로 서서히 해가 떠오르는 광경을 보면서 참 행복해했다. 여기서 일하면서 순간순간 기가 막힌 풍경들을 볼 때마다 맘껏 시간을 내어 사진 찍지 못하는 것을 아쉬워했다. 아침에는 일찍부터 일을 해야 하고 사진 찍기 좋은 계절인 5월부터 가을까지는 국화 때문에 더더욱 여유가 없다는 것이다. 그런 갈증을 풀기 위해 최근에는 챈티클리어 가든의 사진 클래스를 듣고 있다고 했다. 나를 포함해 많은 가드너들이 사진 찍기를 좋아한다.

일이 끝난 후 잠시 스메디 동영상 촬영이 있었다. 스메디는 요코가 끔찍이 아끼는 검은 고양이인데, 무척 귀엽고 요코를 잘 따른다. '스탠드업,' '미기,' '히다리,' '윙크,' '점프' 등 요코의 구령에 따라 개인기를 보여 준다.

10/07 목

이스트 플라자

캐스케이드 멈 국화의 프레임 작업이 만만치 않다. 요코는 이리저리 엉겨 있는 기다란 꽃줄기들을 마치 마술사처럼 요리조리 풀어내어 적절한 위치에 배열한다. 하루 종일 거의 뛰어다니다시피 여기저기 바쁘게 다니며 일을 하고, 그 와중에도 항상 웃으며 사람들에게 말을 거는 요코는 정말 에너지가 넘치는 사람이다. 집에서도 그녀는 요리와 공부, 휴일에는 하이킹, 등산 등으로 바쁘게 지내는 것 같다. 작은 체구에서 어떻게 그런 에너지가 나오는지 모르겠다.

오후에는 3시부터 온실의 동쪽 출입문 쪽에서 이스트 플라자 개관식이 있었다. 디렉터인 폴 레드먼의 진행하에 디자이너인 킴 윌키의 설명, 그리고 다른 몇몇 직원들의 인사가 있었다. 이어 다과와 함께 북아메리카에서 가장 큰 면적으로 만들어졌다는 그린월Green Wall과 가장 고급스럽게 만들었다는 고객 화장실 등 이스트 플라자를 둘러보는 시간을 가졌다. 그린월은 주로 양치식물과 관엽 식물로 만들어졌는데, 벽면에 식재하는 형태로서 특별한 관수 시스템이 함께 시공되었다. 나는 한국에서 그린월에 대한 많은 시공 사례를 보아서인지 그리 큰 영감은 받지 못했다. 화장실 역시 가족 화장실의 개념으로 독립된 룸 형태의 화장실로 만든 것이 조금은 이상하게 느껴졌다. 분명 엄청난 돈이 들었을 텐데 아쉽다는 생각이다. 이스트 플라자의 동쪽 출입구 바깥의 재조성 부분도 와 닿지 않았다. 영국의 조경 디자이너 킴 윌키의 독특한 스타일이겠지만, 계단 형태의 잔디밭 그 이상도 이하도 아니니, 단조롭고 재미가 없었다.

10/08 금

조경 심포지엄

어제 이스트 플라자 개관식에 이어 오늘은 킴 윌키의 강연이 있었다. 도넛과 커피, 음료가 제공되어 아침을 해결할 수 있었다. 애쉬비를 비롯해 롱우드 대학원 과정의 교육생들도 많이 왔다. 킴은 자신의 다른 작품을 소개하며 그의 조경 디자인 양식에 대해 설명해 주었는데, 모두가 잔디를 이용한 비슷한 패턴이어서 썩 감동스럽지 않았다. 오후 프레젠테이션 역시 매우 피곤한 상태에서 듣고 돌아왔다.

10/09 토

너서리 관수

10시부터 너서리 관수를 시작했다. 오늘 담당 직원은 매트였고, 요코도 국화 일 때문에 와서 일하고 있었다. 드루도 요코를 도와주러 자신의 개 두 마리와 함께 와 있었다. 드루는 2년 전 롱우드가든 재배 담당 인턴이었다가 지금은 수목원에서 일하고 있다. 오늘은 맑은 날씨에 다소 더워서 샐비어는 두 번 물을 주어야 했다. 매트도 당직이어서 지나가다 얼굴을 보았다. 훤칠한 키에 미남형인 매트는 5년 전 롱우드 프로페셔널 가드너 프로그램을 마치고 바로 직원이 되어 지금까지 일하고 있다. 매트도 커다란 개 두 마리를 데려왔다. 미국인들은 특히 개에 대한 사랑이 지극한 것 같다. 매트는 부모님과 가족이 소 농장을 운영한다고 했다. 농장 웹 사이트를 보여 주며 B&B를 운영하고 있으니 한번 구경 오라고 했다. 겨울쯤 아내와 딸아이가 이곳에 오면 같이 가 보고 싶었다. 관수를 하다 보니 요코와 드루를 만날 겨를이 없었다. 점심시간쯤 되어서야 드루가 일을 끝마치고 가는 걸 보았다.

10/11 월

드루와 멍키퍼즐트리

아침 일찍 30분간 에키움의 하엽 정리를 하고, 캐스케이드 멈 국화 작업을 했다. 요코는 모 잡지사에 국화 관련 기고 글을 작성하느라 지난 밤 새벽 2시에 잠에 들었다고 했다. 나 역시 롱우드 대학원 과정 준비와 관련해서 이것저것 준비하느라 2시를 훨씬 넘겨서야 잠이 들었다.

오늘은 콜롬버스 데이Columbus Day라 많은 직장들이 휴일인데, 롱우드는 정상 근무다. 드루가 오늘도 자원봉사를 하러 왔다. 드루는 거대한 체구에 얼굴에는 수염을 기르고 있어 꽤나 나이가 들어 보이는데 스물다섯 살밖에 안 되었다. 프레임을 연결하고 수많은 꽃줄기들을 정리하여 프레임에 하나하나 배열한 후, 링다이를 매달아 주는 일은 많은 시간과 고도의 집중력을 요한다. 나는 하나하나 철저하게 하는 타입이어서 시간이 조금 더 들긴 하지만 작업 후에 보기가 좋다. 상대적으로 다른 사람이 해 놓은 것은 왠지 맘에 들지 않는다. 하루 꼬박 집중하여 일하니 오후 2시경에는 완성이 되었다. 요코를 비롯해 다들 내가 꼼꼼하게 일한다고 칭찬해 주었다. 일을 하면서 음악과 식물에 관해 드루와 잠시 이야기를 나누었다. 드루가 일하는 수목원에는 멍키퍼즐트리 *Araucaria araucana*가 있다고 했다. 나는 그 나무를 영국 큐가든과 첼시 피직 가든에서 보았다고 했고, 드루의 수목원에 한번 가 보고 싶다고 했다. 드루는 1월 이전에 오는 것이 좋겠다고 했다.

천송이국화는 요즘 하루에 4갤런의 물을 마신다. 20리터 정도 되는 양이다. 두 그루의 천송이국화 중 한 그루의 줄기에 거품 같은 기포가 묻어 있고 물러진 것을 발견하여 잠시 긴장을 하기도 했다. 곧바로 IPM의 마이크에게 이메일을 보내 도움을 요청했다.

10/12 화

너서리의 일상

오전에 에키움 하엽 다듬기 작업을 하고 스톡맘 분 이식 작업을 하였다. 스톡맘은 내년 국화 전시에 쓰일 국화들의 모개체로서, 내년 봄 스톡맘으로부터 삽수를 취하여 대량 번식을 시킨다. 4인치 포트에서 자라고 있는 개체 3개를 12인치 포트에 옮겨 심었다. 작업을 하면서 파트타임 근무자인 수와 많은 이야기를 나누었다. 그녀는 엔지니어인 남편과 함께 타이완에서 미국으로 건너와 지금까지 살면서 느낀 점들, 꿈에 대해, 미국 생활에 대해 이야기했고, 나 역시 내가 살아온 이야기와 식물원 이야기, 꿈에 대한 이야기를 했다. 미국에 와서 간혹 나이가 많은 사람들과 이야기를 나눌 때는 마치 친구처럼 느껴질 때가 있다.

짧은 점심시간이지만 요코, 수와 함께 요리, 여행 등에 관해 이야기를 나누며 맛있게 식사를 했다. 한국에서는 먹는 것 자체에 많이 집착하는 것 같다는 생각이 들었다. 여기는 그저 간단한 식사지만 이것저것 각자 자신이 좋아하는 음식을 가져와 먹으면서 이야기 자체를 즐긴다. 수는 요거트를 좋아해서 견과류, 시리얼 등 많은 식재료를 같이 즐긴다는 이야기를 했고, 인터넷을 통해 중국 여행 사진을 보여 주기도 했다. 한국 음식 중에서는 삼겹살을 가장 좋아하는데, 많은 반찬들을 함께 즐길 수 있어서 좋다고 하였다. 12월 초쯤 자신의 집에서 파티를 하면 어떻겠냐고 제안을 했다. 요코는 10월 30일 일본으로 갔다가 중국 상하이와 광저우에 5~6일 정도 체류하며 국화 전시를 볼 계획이라고 했다.

오후에 스톰맘 분 이식 작업을 마무리하고 14번 그린하우스에서 다시 국화 작업에 합류했다. 존이 백송이국화에 프레임을 설치하고 있었다. 요코는 차 뒷바퀴에 펑크가 나서 시설팀 직원에게 도움을 요청하느라 조금 늦었다. 마케팅 팀의 낸시가 찾아와 새로 만들어진 리플렛을 보여 주었는데, 요코의 사진과 국화 전시에 관한 글이 실린 팸플릿이었다. 다른 직원들보다 훨씬 마음고생을 하고 일을 많이 하는데 이 정도 보람은 있어야 하지 않겠나 하는 생각이 들었고, 약간 부럽기도 했다. 자신만의 독보적인 전문 분야가 있고, 많은 사람들이 그것을 원하고, 또 매번 더 나아지기 위해 공부하고 노력하는 삶은 어떤 면에서는 힘들어 보이기도 하지만, 바로 그것이 의미를 추구하는 삶이 아닌가 하는 생각이 든다.

일을 하면서 이런저런 대화 중에 존에게 한 가지 질문을 던졌다. 어떻게 롱우드가든에서 43년간 일할 수 있었는지…… 그의 대답은 간단했다. 인내. 그는 이어서 요코는 백만장자나 다름없다고 칭찬했다. 인내의 열매를 맛보고 있는 그 두 사람의 모습이 존경스러웠다. 팔순의 존에게는 쉰 살이 넘은 딸이 있지만, 두 사람 역시 마치 친구처럼 느껴진다.

요코는 천성이 참 부지런한 사람이다. 몸도 부지런하지만 생각도 참 부지런하다. 자신이 키우는 식물들에 대한 생각, 같이 일하는 동료들에 대한 생각, 하고 싶은 일들에 대한 생각들을 단지 생각에 그치지 않고 하나하나 정확하게 행동으로 옮기는 그녀가 존경스럽다.

10/30 토

핼러윈 파티

추수감사절과 크리스마스가 다가오면서 저녁에 파티가 잦아진다. 처음엔 파티 문화가 낯설었는데, 미국 생활에 익숙해지면서 저녁 파티가 은근히 기다려지기까지 한다. 파티는 거의 대화 위주다. 음료는 각자 취향에 맞게 가져오고, 술은 대화의 흥을 돋우기 위한 것일 뿐 과음하는 사람은 드물다. 오늘은 핼러윈 파티를 하는 날! 각자 독특한 아이디어로 분장을 하고 음악과 춤, 음식과 드링크를 즐기는 것이 참 재밌었다. 언제 이런 파티를 해보겠는가 하는 생각에 나는 긴 금발머리 로커로 분장을 하고 쫙 달라붙는 스타킹을 입었다. 수염도 일부러 삼 주 정도 길러 보고 있는 상황이었다. 그동안 해본 적도 없고, 전혀 나답지 않은 짓이지만, 여기 사람들이 다들 그렇게 즐기니 그 문화에 따르자는 생각이었다.

11/19 금

크리스마스 체인지 오버

내일부터는 추수감사절 연휴다. 그래서 오늘 저녁에는 관람객들을 위해 롱우드가든 직원들이 서프라이즈를 준비하는 날이다. 바로 크리스마스 체인지 오버! 금방이라도 어디선가 산타클로스가 나타날 것만 같은 영화 속 풍경, 크리스마스 정원이 탄생한다. 추수감사절을 기점으로, 진정한 연말 홀리데이 분위기가 시작되기 때문에 정원 디스플레이도 크리스마스 연출로 바꾸는 작업이다. 대형 크리스마스트리를 수십 개나 설치하고, 화단의 꽃들도 모두 바꾸어야 하는데, 낮에는 대대적으로 일을 할 수 없기 때문에 야간 시간을 이용한다. 밤새 일을 해야 해서 조금은 걱정되고 긴장이 되기도 했지만, 마치 산타 마을의 요정이 된 듯 들떠 있는 가드너들과 함께 크리스마스를 준비할 것을 생각하니 설레기도 했다. 크리스마스 시즌에만 30만 명의 관람객이 온다고 하니, 롱우드가든에서 1년 중 가장 큰 잔치를 여는 셈이다.

    롱우드가든의 크리스마스 전시의 시작은 온실이 처음으로 만들어진 1921년 겨울로 거슬러 올라간다. 듀퐁은 한 해 동안 열심히 일한 가드너들을 위해 온실에서 성대한 크리스마스 파티를 열었다. 이때 온실 전시홀엔 거대한 크리스마스트리가 세워졌고 그 주변엔 직원들의 자녀들을 위한 갖가지 선물 상자들이 놓였다. 초대장을 받은 직원들이 파티장에 들어설 때 듀퐁 부부는 일일이 그들 가족을 맞이하며 아이들에게 커다란 가방을 나누어 주었다. 그리고 크리스마스트리에 불이 들어오면 아이들은 일제히 크리스마스트리 주변으로 달려가 가방에 원하는 만큼 선물을 담았다. 상상만 해도 신나고 아름다운 풍경이다. 이 전통은 지금까지도 이어져 크리스마스 무렵 직원들은 함께 파티를 하며 산타클로스를 초대하여 아이들에게 선물을 나눠 준다.

    열심히 일한 사람들과 그 가족들이 따뜻한 사랑과 보상을 받는 이곳은 마치 신앙 공동체처럼 믿음과 신뢰로 가득 차 있다. 그 믿음의 대상은 바로 자신들이 만드는 아름다운 정원이고, 이는 어떤 한두 사람의 힘으로는 만들어 나갈 수 없기에 서로에 대한 끈끈한 신뢰를 바탕으로 협력할 수 있는 공동체가 필요한 것이다. 그리고 그렇게 만들어진 정원과 그

문화가 더욱더 많은 사람들에게 전파되어 더 큰 공동체를 이룬다. 어릴 때 할머니 손을 잡고 처음 정원을 방문했던 이들이 이제 그 할머니만큼 나이를 먹을 때까지 계속 정원을 찾기도 하고, 개중에는 은퇴 후 정원에서 자원봉사를 하기도 한다. 젊은 나이에 가드너로 일하기 위해 정원에서 교육을 받거나 취직을 하는 경우도 많다. 유치원생, 초등학생부터 성인과 노년층까지 다양한 프로그램과 이벤트가 끊이지 않는 식물원은 지역사회의 중심이 된다. 정원을 사랑하는 모든 이들에게 크리스마스는 가장 큰 행사다. 평소의 몇 배에 이르는 인파가 크리스마스 주간에 몰린다. 그만큼 크리스마스 정원을 준비하는 일도 철저하게 이루어진다.

가드너를 비롯한 임직원들은 저녁 7시경 오랑주리 전시홀에 모였다. 모두 밝은 표정으로 여유 있어 보였다. 나야 처음으로 크리스마스 체인지 오버에 참여하지만, 대다수 가드너들은 매년 연례행사처럼 오늘 같은 날을 겪었을 것이다. 온실의 책임 가드너인 칼 거슨스와 로렌이 모인 사람들에게 공지 사항을 알린다. 주로 안전에 대한 내용인데, 안전화를 꼭 착용하고, 전정가위를 사용할 때는 안전 장갑을, 작업 차량을 운전할 경우엔 반드시 보안경을 써야 한다.

나는 재배하우스로부터 크리스마스 식물들을 작업 차량에 실어 온실로 운반하는 미션을 맡았다. 시클라멘과 아마릴리스, 페이퍼화이트수선화, 수국, 아이비, 포인세티아……. 모두 크리스마스와 잘 어울리는 예쁜 식물이다. 같이 일하게 된 재배하우스 담당 요건은 오늘 산타 모자를 쓰고 왔는데, 긴 수염에다가 약간 살찐 풍채가 영락 없는 산타 할아버지였다. 기차처럼 트레일러가 이어진 작업 차량을 몰고 온실로 들어가는데 지나가는 가드너들과 손을 흔들며 인사하는 모습이 꼭 선물을 배달하는 산타 같았다.

계속해서 일을 하다 보니 왜 사람들의 얼굴이 처음부터 그렇게 밝은지 알 것 같았다. 파티를 준비하는 기분이랄까. 한쪽에서는 거대한 크리스마스트리가 세워지고 있고, 곳곳에 팀들이 역할을 분담하여 크고 작은 크리스마스트리며, 화단을 장식하고 있다. 한쪽에서는 식물들을 갈아엎고 흙을 고르는가 하면 한쪽에서는 거대한 크리스마스트리들이 운반되어 정해진 위치에 세워진다. 곳곳에서 팀들이 역할을 분담하여 화단을 장식하고 있다. 수많은 사람들이 동시에 일을 하지만 우왕좌왕하는 일은 없다. 모두가 흙과 먼지투성이지만 활력이 넘친다. 크리스마스 영화 「엘프」에서 크리스마스 선물을 준비하는 요정들이 분주하게 일하는 모습이 떠오른다.

        갑자기 누군가 간식 타임이라고 외친다. 피자가 배달되고 간이 음료 바가 설치되었다. 시간은 9시 반을 넘긴 때였다. 이제 한두 시간만 더 일을 하고 나머지는 내일과 모레 낮 동안 계속할 예정이다. 온실 안에 화단들은 거의 다 교체되었고, 대형 크리스마스트리들도 모두 이동 설치가 되었기 때문에 낮에 할 일들은 이제 몇몇 간단한 마무리 작업이다. 일을 마치고 몸은 녹초가 되었지만 오늘의 특별한 시간들이 아직도 여운이 남아 기분이 참 좋았다.

        크리스마스트리는 진짜 나무를 사용한다. 수요가 많기 때문에 전문적으로 크리스마스트리를 재배하는 농가들도 많다. 11월부터는 각 너서리마다 크리스마스트리를 판매한다고 크게 광고를 하고 심지어 대형 마트에서도 판매한다. 주로 사용하는 나무는 프레이저전나무*Abies fraseri*, 그랜드전나무*A. grandis*, 더글러스전나무*Pseudotsuga menziesii*, 은청가문비나무*Picea pungens* 등이며, 높이는 1미터에서 10미터까지 다양하다.

정원은 사계절 다른 모습입니다.
지중해의 정원은 우리의 계절과 반대이지요.
우리의 정원이 봄부터 가을까지 왕성하게 생육하고
겨울에는 쉰다면 지중해정원 식물들은 더운 여름에
휴면하고 가을부터 살아 움직이지요.
겨울의 정원으로는 추운 계절에도 화려한
지중해정원과 오랑주리 온실을
찾아가 봅니다.

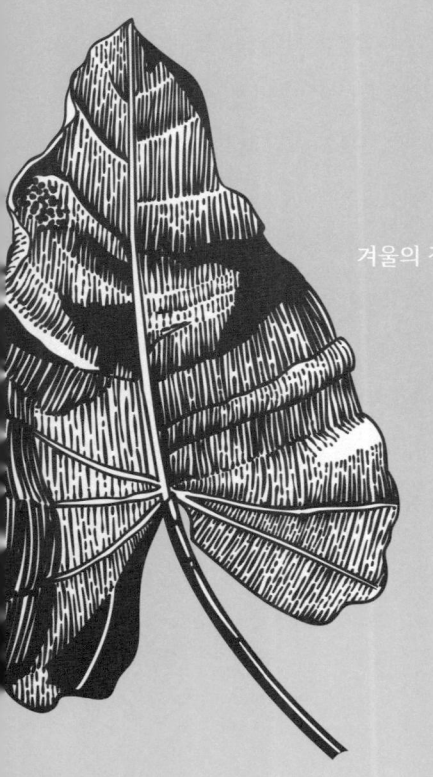

겨울의 정원들

지중해정원
오랑주리

지중해정원

이색적인 색채와 향기,
지중해의 낭만을 품다

나는 겨울이 금세 지나가고, 1월에 아몬드 꽃을 볼 수 있는 지중해를 사랑한다.

— 제이드 재거 Jade Jagger

이색적인 느낌, 지중해정원

지중해정원에는 밝고 화사한 특유의 향과 분위기가 깃들어 있다. 분명 우리에게 익숙하지 않은 이국적인 느낌이다. 병솔같이 생긴 꽃, 불꽃처럼 강렬한 색깔과 모양을 지닌 꽃, 올리브 잎처럼 회백색을 띤 자잘한 잎들을 가득 달고 있는 나무, 마디마디가 신기하게 이어진 주황색의 앙상한 줄기들이 멀리서 보면 꽃처럼 보이는 식물이 있는가 하면, 온통 하늘색 꽃으로 벽과 천정을 뒤덮는 덩굴식물도 있다. 때가 되면 불쑥 희한한 꽃들을 피워 올리는 구근류도 있다. 기후가 다르니 식물들의 생김새와 생장하는 모습도 다르다. 식물원에서 맛볼 수 있는 가장 큰 즐거움 중 하나는 이렇게 세계 여러 기후대의 진귀한 식물들을 직접 볼 수 있다는 것이다. 아마도 동물원에서 남아프리카의 사자나 북극곰, 인도코키리와 같은 동물들을 볼 수 있는 것과 비슷한 경험일 것이다.

지중해정원은 말 그대로 에메랄드빛 바다와 밝고 쾌청한 햇빛, 스페인 남동부의 지중해 해안처럼 그림 같은 풍경이 연상되는 지중해 기후의 식물들을 모아 놓은 정원이다. 지중해 기후는 겨울은 습하고 온화하며, 여름은 뜨겁고 건조하다. 혹독하고

지중해정원의 입구

중앙에는 지중해의 메도우를 연출한 화단이 있다. ▲ '요정의 종'이라 불리는 멜라스페룰라 라모사 *Melasphaerula ramosa*의 새하얀 꽃들, ▼ 유포르비아 '스틱스 온 파이어' *Euphorbia tirucalli* 'Sticks-on-fire'의 주황색 줄기가 인상적이다.

▲ 플럼바고 '모노트' *Plumbago auriculata* 'Monott'의 파란색 꽃이 출입구를 덮으며 무성하게 피어나고 있다.

▼ 꽃이 마치 병솔처럼 생긴 병솔나무 *Callistemon citrinus*도 지중해 기후에서 잘 자란다.

건조한 겨울 추위와 고온 다습한 여름을 가진 온대 기후는 사뭇 다르다. 캘리포니아 남부, 칠레, 지중해만, 남아프리카 그리고 호주 서부 등이 지중해 기후에 속한다.

지중해정원의 계절은 우리와 정반대다. 우리의 정원이 보통 봄부터 가을까지 왕성한 생육을 하고 겨울에 휴면을 하는 것과 달리, 지중해 식물들은 더운 여름에 땅 속에서 휴면을 하고, 시원한 가을이 다가오면서 볕에 그을린 땅에 비가 내리기 시작하면 다시 살아 움직이기 시작한다. 그래서 지중해의 정원과 시골 풍경은 가을과 겨울, 그리고 봄에 걸쳐 화려한 꽃들로 넘쳐난다.

지중해의 식물들은 더 차가운 기후에 성공적으로 적응하였고, 대부분은 가뭄에 매우 강하다. 덥고 건조한 여름, 최소한의 관리와 물만으로도 이 식물들은 거뜬히 살아남을 수 있다. 알로에, 포인세티아, 시클라멘은 모두 지중해 출신의 대표 식물이다.

겨울에 절정을 이루는 정원

지중해정원을 돌보는 일은 특별하다. 여행 속의 또 다른 작은 여행이랄까. 이곳 정원을 만든 사람도 지중해 출신이다. 캘리포니아의 가든 디자이너 론 러트스코가 1993년에 설계하였다.

지중해 초원을 연상시키는 중앙 화단은 이른 봄 야생화들로 가득찬다. 이 식물들은 전 세계 다섯 군데의 대표적인 지중해 지역에서 온 것들이다. 분홍색 펠라르고늄 코르디폴리움 *Pelargonium cordifolium*, 노란색 유리옵스 펙티나투스 *Euryops pectinatus*, 보라색 리모니움 페레지아이 *Limonium perezii*, 그리고 오렌지색 오스테오스페르멈 에클로니스 *Osteospermum ecklonis*가 눈에 띈다. 이렇게 한 장소에서 전 세계의 지중해 식물들을 볼 수 있다는 것은 큰 행운이다.

롱우드가든의 지중해정원은 햇빛이 잘 들고 통풍이 잘 되며, 겨울에는 최저 온도가 섭씨 4도 이상이 되도록 맞추어져 있다. 현지 기후와 최대한 비슷하게 신경을 쓴 것이다. 지중해정원의 절정기는 겨울이다. 바깥이 한겨울인 때에도 온실 속 지중해정원은 봄꽃들로 화려하다. 지중해정원의 겨울 구근류는 펜실베이니아주 남동부의 차갑고 맑은 날씨와 밤이 짧아지는 시기에 자연스럽게 꽃을 피우기 시작한다.

지중해 식물은 씨앗을 발아시키거나 심지어 물 주는 것조차 까다롭다. 그렇게 어렵게 키운 식물들이라 그런지 하나하나 특별해 보인다. 그중 에키움 '스타 오브 마데이라'*Echium 'Star of Madeira'*라는 꽃이 있다. 카나리아 제도와 마데이라 등 지중해 지역이 원산지인 두해살이풀이다. 매년 줄기를 잘라 삽목해서 새로운 개체들을 키워 내는데, 삽목 후 꽃이 필 때까지 1년이 조금 넘게 걸린다. 자생지에서는 늦겨울과 이른 봄 사이에 꽃이 핀다. 여기 지중해 가든 온실에서는 3월 중순에서 4월까지 꽃을 볼 수 있다.

지중해정원에는 남아프리카에서 온 식물들이 많이 있다. 라케날리아 오르토페탈라*Lachenalia orthopetala*, 차스만테 비콜로 *Chasmanthe bicolor*, 군자란*Clivia miniata* 등이 대표적이다. 이들은 겨울과 이른 봄 사이에 화려한 꽃을 피운다. 남아프리카의 차가운 지중해성 기후는 온화하고 습한 겨울과 덥고 건조한 여름이 특징이다. 특히 케이프 식물 보호 지역Cape Floral Resion의 식물 다양성은 세계

상단부터
◀ 황종화 *Tecoma x smithii* ▶ 협죽도 *Nerium oleander*
벨테이미아 브라크테아타 *Veltheimia bracteata*
라케날리아 오르토페탈라 *Lachenalia orthopetala*
◀ 군자란 *Clivia miniata* ▶ 시클라멘 *Cyclamen persicum*

아마릴리스 '레몬 라임' *Hippeastrum 'Lemon Lime'*과 보라색 시클라멘 *Cyclamen persicum*, 캔들플랜트 *Plectranthus madagascariensis*가 함께 어우러진 모습

백합과에 속하는 덩굴식물
글로리오사 수페르바 *Gloriosa superba*

▲ 호주 동부 해안가에 자라는 방크시아 세라타 *Banksia serrata*
▼ 남아프리카 원산의 프로테아 레펜스 '화이트 아이스' *Protea repens* 'White Ice'

어느 지역보다 더 높다. 70퍼센트에 해당하는 식물들이 전 세계에서 오로지 이곳에서만 발견된다.

롱우드가든의 지중해정원에 있는 남아프리카 식물들은 야생 지역에서 채취한 것이 아니라 합법적으로 재배한 너서리를 통해 들여왔다. 그리고 구근류는 대부분 롱우드가든에서 씨앗을 발아시켜 직접 재배한 것들이다.

특별한 식물들

벨테이미아 달콤한 꿀로 가득찬 분홍색 벨테이미아 브라크테아타*Veltheimia bracteata* 꽃은 브라질후추나무*Schinus terebinthifolius* 아래 피어 있다. 남아프리카 출신의 대표 구근 식물 벨테이미아는 그중 가장 키가 크다. 꽃은 분홍색과 노란색이 있다. 백합과에 속하는 이 식물은 그늘에서도 잘 자란다. 겨울에 약간 추운 곳에 노출시켜 줄 수 있다면 가정에서도 재배할 수 있다.

멜라스페룰라 요정의 종이라고 불리는 멜라스페룰라 라모사*Melasphaerula ramosa*는 2월부터 4월 말까지 꽃이 핀다. 꽃 피는 모습이 요정들이 초원 위를 날아다니는 듯 아름답다. 전 세계 오직 한 종만 존재하는 식물이기 때문에 더욱 진기하다. 호주에서 온 후크시아 꽃도 분홍색 종 모양으로 매달려 눈길을 사로잡는다.

시클라멘 페르시아 원산의 보라색 꽃 시클라멘*Cyclamen persicum*과 황금색 튤립*Tulipa batalinii*도 생동감 넘치는 색을 더한다. 특히 시클라멘 헤데리폴리움*Cyclamen hederifolium*은 내한성이 강해서 우리나라 같은 온대 지방에서도 키울 수 있다. 물론 휴면기인 여름철 관리가 잘 되어야 하겠지만 말이다.

글로리오사 불꽃이 타오르는 듯한 기이한 모양의 꽃도 눈길을 끈다. 아프리카 원산의 글로리오사 수페르바*Gloriosa superba*는 짐바브웨의 국화다. 여섯 장의 꽃잎이 말아 올려진 모양이 참 특이하다. 암술 또한 수평으로 길게 특이한 모양으로 뻗어 있다. 씨앗이 휴면에서 깨어나려면 6~9개월을 기다려야 하므로 인내심 없는 사람이 키우기는 쉽지 않다.

오스테오스페르멈 남아프리카 원산의 오스테오스페르멈 에클로니스*Osteospermum ecklonis*는 시원한 온도를 좋아하는 또 다른 식물이다. 디모르포테카*Dimorphotheca*라고도 부른다. 오렌지 심포니Orange Symphony와 레몬 심포니Lemon Symphony 등 심포니 시리즈 품종이 인기가 있다. 이 꽃은 더운 여름에는 꽃이 잘 피지 않다가 가을에 기온이 내려가면 다시 개화를 시작한다.

오니소갈럼 오니소갈럼 두비움*Ornithogallum dubium*은 다육질의 잎 위로 꽃대를 올려 오랫동안 오렌지색 꽃을 피운다. 이 식물도 여름에 휴면을 하고 가을에 다시 물 주기를 시작하면 빠르게 초록 싹이 올라오기 시작한다.

지중해정원의 하루는 이렇게 이색적인 색깔과 향기를 지닌 특별한 식물들 속에서 시간 가는 줄 모르게 흘러간다. 오후 햇살이 비스듬해지기 시작하면 사랑하는 사람과 캘리포니아의 어느 해안가에 여행을 온 듯 정원에 가득한 낭만이 아름답다.

orangery

오랑주리

사계절의 예술을 느끼는
롱우드가든의 랜드마크

정원은 위대한 스승이다. 정원은 인내심과
주의깊은 신중함을 가르치고, 정원은 근검절약을 가르치며,
무엇보다 정원은 온전한 믿음을 가르친다.

―거트루드 지킬 Gertrude Jekyll

오랑주리의 일터로

　　　　오랑주리로 일을 하러 간다. 백 년이 다 되어 가는 유서 깊은 온실로 출근하는 것은 일이라기보다는 호사를 누리는 기분이다. 롱우드가든의 오랑주리에서 해야 하는 일은 화단에 있는 시든 꽃들을 정리해 주는 것, 행잉 바스켓과 오렌지 나무 화분에 물 주기, 전시홀에 울창한 숲을 이룬 나무고사리의 줄기를 충분히 적셔 주는 것, 뮤직룸 워디언 케이스 안에 들어 있는 난초에 물을 주는 일 등이다. 오랑주리에서 일할 때는 무엇보다도 꽃가위가 필수다. 나무보다는 꽃대와 잎을 정리할 일이 많기 때문이다. 매일매일 섹션 가드너들은 오랑주리의 모든 식물 상태를 체크하고 자원봉사자와 교육생 들에게 할 일을 분배해 준다. 언뜻 보면 쉬워 보이지만, 체계적이고 일사분란한 작업 지시는 오랫동안의 풍부한 경험에서 우러나온 노하우다. 가드너들은 이곳에서 해 온 일들을 관습처럼, 마치 매일매일 예식을 치르듯 철저하고 세심하게 해 나간다. 가드너에서 가드너로, 세대에서 세대로 전해지는 가드닝 교육은 많은 부분 현장에서 직접 몸으로 체득하며 배우는 것이다.

오랑주리의 유래

오랑주리는 17세기부터 19세기까지 유럽에 등장한 온실의 한 형태이다. 이탈리아 르네상스 정원에서 시작되었는데, 인도나 중국, 남미 등 아열대 지방에서 온 오렌지 나무 화분들을 유럽의 추운 겨울 날씨로부터 보호하기 위해 만들었다. 당시 오렌지는 희귀한 과실이어서 상류층을 중심으로 아주 귀한 대접을 받았다. 오랑주리에서는 오렌지와 라임 등 감귤류, 석류나무뿐 아니라 내한성이 없는 다양한 열대 식물들도 재배했다. 초창기 오랑주리의 가장 중요한 기능은 온도가 영하로 떨어지는 것을 막는 것이었고, 이를 위해 스토브를 설치하거나 모닥불을 지피기도 했다. 매서운 한파를 피해 따뜻한 오랑주리 안에서 오렌지 나무를 키우고 아늑한 느낌을 즐기는 것은 점점 유행처럼 번져 갔다.

좀 더 전형적인 형태의 오랑주리는 18세기 초에 등장했다. 주로 성이나 공원의 일부로 자리잡고 다른 건물과 함께 어우러졌다. 오렌지 화분은 겨울에 오랑주리에 들여놓고 봄이 되면 밖에 내놓았다. 오랑주리는 꼭 오렌지 나무만을 위한 공간이라기보다 주변 정원들 사이에서 다양한 이벤트를 위한 공간으로 쓰이기도 했다.

사실 그때의 오랑주리는 지금의 온실들처럼 아름답고 근사하지는 않았다. 아주 초기에는 벽돌이나 돌로 지어진 구조물에 남쪽을 향한 커다란 창과 튼튼한 지붕이 있을 뿐이었다. 그 후 19세기에 들어서면서 유리 지붕을 경사지게 설치한 온실이 발달했다. 점점 투명한 유리 제조 기술이 발전하면서 왕립 식물원을 중심으로 글래스하우스glasshouse 또는 컨서버토리conservatory라고 부르는 거대하고 멋진 유리온실들이 탄생하였다. 가장 유명한 초기 형태의 오랑주리 중 하나는 1761년에 지어진 영국 큐가든의 오랑주리다. 넓이 280제곱미터의 이 오랑주리는 현재 레스토랑으로 쓰이고 있다. 그외 유럽에 유물처럼 남은 역사적인 오랑주리는 열대 식물과 꽃 전시장, 파티 등 각종 행사를 위한 연회장으로 사용되고 있다.

롱우드가든의 아름다운 구조물, 오랑주리 온실

미국 동부에서 가장 아름다운 정원인 롱우드가든의 오랑주리는 롱우드가든의 상징적 랜드마크로 1921년에 지어졌다. 유럽에서 정원 양식을 몸소 체득한 듀퐁은, 자신의 공학적 기술을 바탕으로 오랑주리를 설계하였다.

오랑주리 온실의 난방은 마치 우리의 전통 난방 방식인 온돌처럼 바닥에서부터 이루어진다. 화단의 토양 아래에 섭씨 60도 정도의 물이 흐르는 온수관이 정교하게 배치되어 있는데 그 아래는 지하 통로로 연결되어 있다. 지하 도시를 연상케 하는 이곳에 거대한 보일러실로부터 연결된 배관들이 온실의 구석구석까지 뻗어 있다. 지하 통로가 뻥 뚫려 있어서 배관의 보수 작업이 쉽다. 바로 위에는 오랑주리의 화려한 꽃밭이지만 그 아래에는 이렇게 꽃과 나무들의 뿌리를 따뜻하게 해 주는 물이 흐르고 있다. 물론 이러한 시스템은 겨울에 빛을 발한다. 공기를 따뜻하게 해 주는 것보다 지면에서 난방을 해 주면 여러 이점이 있다. 뿌리는 땅속에서 올라오는 온화한 기운을 좋아하고 꽃과 잎은 밑에서 위로 순환되는 약 20도 내외의 너무 뜨겁지 않은 공기의 흐름을 좋아한다. 오랑주리를 즐기는 사람들도 이 정도 온도와 습도의 공기 속에서 편안함을 느낀다. 겨울철에도 이렇게 따뜻한 오랑주리 온실에

멕시칸세이지 *Salvia leucantha*와 행잉 바스켓. 거대한 기둥들이 압도적 풍경을 연출하고 있는 롱우드가든의 오랑주리

서 기둥을 타고 올라가며 자라고 있는 부겐빌레아*Bougainvillea*는 백 살이나 되었다. 토양을 따뜻하게 해 주고 이중 유리를 사용하면 난방비를 많이 아낄 수 있다. 특히 주야간의 온도를 10도 정도 차이 나게 해 줄 때 가장 효율적이다.

오랑주리 온실 토양의 주재료는 피트모스와 소나무 바크가 6:4로 섞인 원예 상토와, 헤이다이트*haydite*라고 하는 토양 재료를 반반씩 쓴다. 적절한 보습력과 배수성을 갖춘 완벽한 토양이다. 하지만 식물마다 좋아하는 토양이 다르므로, 재배하는 포트에는 다양한 종류의 배양토를 쓴다. 튤립 같은 구근류는 모래를 위주로 쓰고, 국화는 25퍼센트를 진짜 흙으로 사용하고, 피트모스와 버미큘라이트는 적은 양을 섞어 준다. 전반적으로 온실 화단의 토양은 배수가 첫 번째다. 물을 거의 매일 줘야 하기 때문에 그만큼 물이 잘 빠져야 한다.

오랑주리의 사계

오랑주리는 건물 자체가 아름다운 구조물이다. 오랑주리에 들어서면 한눈에 들어오는 풍경이 마음을 아늑하고 따뜻하게 해 준다. 온실 디자인은 바깥에서 보는 느낌도 중요하지만 안에서 바라보는 이미지도 중요하다. 유리를 받치고 있는 골격이 어떤 패턴으로 설계되었는지, 어떤 재질과 색깔 톤으로 만들어졌는지, 기둥이 서 있는 위치, 벽면을 타고 올라가는 식물들, 바닥재와 컨테이너, 전체적으로 대칭을 이루는 각 요소들의 조합, 포컬 포인트의 존재감, 고풍스러운 느낌과 현대적 기술의 조화 등 하나하나 뜯어보면 전체 이미지를 결정짓는 중요한 디테일은 한두 가지가 아니다.

오랑주리의 주인공 오렌지 나무

오랑주리의 동선을 따라 천천히 걸으며 위, 아래, 그리고 저 멀리 전경, 벽과 기둥을 감상해 본다. 4차원 예술 작품을 감상할 수 있다면 바로 이런 느낌일 것이다. 오랑주리의 주인공은 당연히 오렌지를 비롯한 감귤 나무다. 원래 이곳을 지켜 온 터줏대감들이다. 오랑주리에서 기르는 주요 감귤 나무 종류는 오렌지, 레몬, 라임, 자몽 중에서 키가 작게 자라는 종류다. 주로 화분에서 재배해야 하기 때문이다. 하얀 꽃을 피우고 초록색 열매를 만들고 주황색으로 익어 가는 오렌지 나무는 오랑주리를 편안한 거주지로 삼아 잘 자란다. 깍지벌레 같은 해충이 생기면, 병해충 관리IPM 부서에서 바로 처리해 주니 오랑주리의 나무들은 특별 대접을 받고 지낸다. 거대한 컨테이너에 쓰인 흙에는 모래가 많이 섞여 있어 배수가 아주 잘 된다. 온실에서는 거의 매일 물을 주므로 물이 잘 빠지는 화분이 좋다. 오랑주리 천정에 매달린 행잉 바스켓에 물을 주고 난 뒤 화분 밑으로 흘러내리는 물을 버킷에 담아 오렌지 나무 화분에 준다. 물을 아껴 쓰기 위한 아이디어다. 한때 고급스러운 먹을거리로 귀한 대접을 받았던 오렌지 나무는 이제 잔디밭 위에 고상하게 놓여 사람들로 하여금 과거의 영광을 추억하게 한다.

오렌지 나무만 있다면 아주 심심할 수도 있는 오랑주리에는 일 년 내내 화려한 꽃 전시가 가능하다. 봄에는 튤립과 수선화와 아잘레아, 물망초, 에키움 등이 오랑주리의 주인공이 된다. 여름에는 제라늄과 양골담초, 시원스럽게 잎을 펼치는 야자들이 있다. 가을에는 뭐니 뭐니 해도 국화와 그라스, 겨울에는 포인세티아와 페이퍼화이트수선화가 주인공이다. 일 년 동안 오랑주리의 화단을 장식할 꽃들은 한 해 전부터 미리 계획을 세운다. 커다란 도면에 화단마다 위치 번호가 지정되고, 거기에 다양한 식물들이

순서대로 기록된다. 너서리에서는 제때에 식물들을 공급하기 위해 철저히 재배 계획을 세운다. 시즌을 대표하는 꽃들은 어느 한두 군데가 아니라 오랑주리 전체에 골고루 디자인되어 배치된다. 결국 그런 꽃들의 컬러가 분위기를 좌우하게 되고 사람들은 그 모습에 마음을 빼앗긴다.

봄 5월쯤 등장하는 파란색 에키움 '셀렉트 블루' Echium candicans 'Select Blue'같이 키 크고 색깔이 선명한 꽃들이 오랑주리 화단을 가득 채우고 있는 모습은 다른 곳에서 쉽게 볼 수 없는 인상적인 장면이다. 모체로부터 매년 새롭게 번식되어 탄생하는 이 꽃은 마치 무도회에서 춤을 추는 주인공처럼 오랑주리에서 한 시즌을 멋지게 장식한다. 그 모습을 보면 새삼 자연과 생명의 잉태, 종족 번식, 후대로 이어지는 형질들, 그 순환의 주기가 신비롭고 오묘하기만 하다. 언젠가는 꼭 에키움이 자연 상태에서 순수하게 자라는 모습, 지중해 연안의 어느 시원한 산 골짜기에서 꽃을 피우는 모습을 보고 싶다. 그 귀한 꽃들을 이곳 오랑주리에서 볼 수 있게 해 준 큐레이터와 가드너들에게 감사한다.

여름 오랑주리를 장식하는 여름의 대표 꽃은 제라늄, 칼라디움 Caladium, 쿠르쿠마 Curcuma alismatifolia 등이다. 온실이다 보니 아무래도 더울 수밖에 없는 오랑주리에서 눈으로라도 시원함을

◀ 에키움 '셀렉트 블루' Echium candicans 'Select Blue' ▶ 쿠르쿠마 Curcuma alismatifolia
◀ 칼라디움 '미스 마페트' Caladium 'Miss Muffet' ▶ 칸나 '코네스토가' Canna 'Conestoga'
◀ 벨테이미아 브라크테아타 Veltheimia bracteata

느낄 수 있도록 가드너들은 꽃 색깔과 식물의 형태, 질감을 생각하여 꽃들을 배치한다. 시즌마다 컬러 콘셉트가 다르긴 하지만 여름엔 보랏빛이 도는 분홍색과 흰색이 섞인 꽃들이 청량감을 준다. 다양한 야자류와 칸나의 볼륨감 있는 모습도 시원한 느낌을 준다.

눈 아래 화단에만 꽃이 있는 것이 아니다. 전시홀 쪽 천정에 매달린 행잉 바스켓은 놀랍게도 리모컨으로 상하 이동을 조작할 수 있다. 온실 천정이 너무 높기 때문에 이런 장치를 고안해 냈다. 한 사람이 리모콘을 작동하여 행잉 바스켓을 내려주면 다른 가드너가 필요한 관리를 해 주고 다시 위로 올리는 방식이다. 이런 기발한 아이디어로 가드너들은 보다 쉽고 안전하게 일을 처리할 수 있다.

오랑주리에는 남아프리카에서 온 구근 화훼류도 많이 있다. 그중 벨테이미아 꽃을 보려면 너서리에서 수개월 동안 관리해 주어야 한다. 꽃대가 올라올 때는 지주를 꽂아 주고 실로 틀을 만들어 준다. 그래야 꽃대가 쓰러지지 않는다. 한두 개가 아니라 수천 개의 화분을 이렇게 관리해 주려면 가드너의 일손이 아주 많이 필요하다. 때때로 가드닝은 단순하고 힘들고 지루하기도 하다. 그런데도 이 일을 좋아하는 이유는 뭘까? 매년 같은 일이 반복되지만 좋아하는 꽃을 잘 키워서 때가 되면 사람들에게 그 꽃들로 큰 즐거움을 줄 수 있다는 것, 무엇보다 가드너 자신이 키운 그 꽃을 언제까지나 사랑하며 잘 보살필 수 있다는 것 때문이다. 한번은 교육생 에밀리가 나와 같이 남아프리카 구근을 재배하는 일을 하기 위해 그린하우스에 배정되었는데, 도저히 못하겠다며 울면서 나간 적도 있었다. 담당자의 업무 지시 방식에 불만을 품고 갈등이 있었기도 했지만, 어린 가드너에게 이런 일 자체가 그

▲ 크리스마스 시즌 오랑주리 화단에 잘 어울리는 포인세티아와 페이퍼화이트수선화 Narcissus 'Ariel'

▼ 수국 Hydrangea macrophylla도 온실에서는 겨울부터 꽃을 볼 수 있다.

만큼 쉽지는 않았던 것이다.

가을 10월 말부터는 바깥이나 온실이나 온통 국화 세상이다. 오랑주리도 예외가 아니다. 입국과 포트멈, 가든멈, 작품작, 롤리팝, 현애작, 토피어리 등 거의 1년 동안 농사 지은 국화들이 오랑주리에 가장 먼저 선을 보인다. 국화만 있는 것이 아니라 국화와 잘 어울리는 꽃들도 있다. 아나나스 종류와 콜레우스, 베고니아 등 초본류와 그라스류, 행잉 바스켓, 스탠다드가 함께한다.

겨울 그린하우스 프로덕션에서 오랑주리로 식물을 운반하는 일도 재미있다. 약간의 거리가 있지만 길도 잘 닦여 있고, 온실 내부까지 들어갈 수 있는 전기 차량들이 있어서, 종종 차량에 화분을 싣고 온실로 들어간다. 어떤 차는 여러 화물칸이 연결되어 길다란 기차처럼 생겼다. 온실 내부에 들어가면 길이 좁고 구불구불한데 좌회전 혹은 우회전도 해야 하므로 운전할 때 주의가 필요하다. 이 기차는 주로 요건이 운전을 한다. 특히 크리스마스 때면 빨간 모자를 쓰고 시클라멘이나 페이퍼화이트수선화를 옮기는 그의 모습을 보면 산타가 마차를 타고 선물을 배달하러 가는 모습 같아 귀엽기까지 하다. 늦겨울부터 이른 봄 사이에 등장하는 페이퍼화이트수선화는 향기도 좋고 키도 크며 꽃이 오래가는 대표적인 수선화 종류다. 구근을 들여와 화분에 심어 놓고 저온 재배실에서 관리하다가 크리스마스 시즌부터 전시하기 시작한다.

커다란 오렌지 나무 화분 외에 오랑주리에서 눈여겨 볼 만한 화분들은 '스탠다드standard'라고 부르는 종류다. 풀

오랑주리 전시홀의 다양한 풍경들.
위에서부터 크리스마스 전시 작업을
앞두고 있는 가드너들, 임직원 이브닝 파티,
크리스마스트리 전시

종류든 나무 종류든 하나의 중심 줄기를 가지고 윗부분은 동그랗게 머리 부분을 만들어 놓은 화분을 말한다. 이들 스탠다드 식물들은 계절과 계절 사이, 화단의 꽃들이 바뀌는 시점, 특히 온실용 식물이 많지 않은 시기에 공백을 채워 주는 역할을 하기도 하고, 그 자체로 훌륭한 전시가 된다. 가령 필리핀 원산의 연화수 Clerodendrum quadriloculare는 1월부터 3월 사이에 꽃이 피는 대표적인 스탠다드 관목 식물이다. 플럼바고 '모노트' Plumbago auriculata 'Monott'의 파란색 꽃도 매우 인상적이다. 오렌지자스민 Murraya paniculata의 향기로운 순백색 꽃도 온실에서는 더할 나위 없이 좋다. 여름에는 배롱나무도 좋다.

겨울엔 뭐니 뭐니 해도 포인세티아 Euphorbia pulcherrima 스탠다드가 인기다. 다른 스탠다드보다 상대적으로 쉽고 빠르게 기를 수 있는데, 그 비결은 접목이다. 즉 빨리 자라는 대목용 품종과 잎색이 예쁜 전시용 품종을 접붙여 재배하는 것이다. 하나의 스탠다드 식물을 만들기 위해 보통 2~5년 재배 기간을 거치는데, 포인세티아는 지름 1미터 정도의 수관부를 가진 2.5미터 높이의 스탠다드로 키우는 데 2년 정도 걸린다.

오랑주리에서 재배할 수 있는 식물 종류는 거의 제한이 없다. 열대 식물은 물론이고 옥외에서 주로 기르는 식물도 전시할 수 있다. 튤립 등 구근류와 팜파스그라스 같은 사초류, 아잘레아도 온실로 들어올 수 있다.

해를 마무리하는 오랑주리의 이브닝 파티

오랑주리의 일 년은 늘 꽃향기로 가득하지만 파티와 축제도 끊이지 않는다. 가끔씩 오랑주리에서 임직원들을 위한 이

왼쪽부터 포인세티아, 플럼바고 '모노트', 연화수의 스탠다드

브닝 파티가 열릴 때면, 가드너들은 일할 때와는 완전히 다른 모습으로 변신한다. 일터가 파티장으로 바뀌는 것이다. 관람객으로 붐비던 홀에는 하얀 테이블보가 덮인 원형 탁자가 세팅되고 한쪽에는 와인과 칵테일, 맥주를 마실 수 있는 바가 운영된다. 웨이터들이 쟁반에 핑거푸드를 들고 사람들 사이를 오간다. 아끼는 수트를 입고 나도 파티를 즐긴다. 와인 잔을 들고 서서 자유롭게 사람들과 이야기를 나눈다. 처음에는 어색하지만 익숙해지면 이런 식의 파티가 참 즐겁고 유쾌하다. 술과 대화, 그리고 사람들의 표정과 옷차림, 분위기 그 모든 것이 우리 문화와 다른 이곳 오랑주리 파티의 맛이다. 듀퐁이 오랑주리를 만든 이유 중에는 아마 이런 파티를 즐기기 위한 것도 있으리라. 추수감사절을 지나 크리스마스 시즌 무렵까지 오랑주리는 성대한 크리스마스트리와 꽃 전시로 화려하게 치장한다. 오랑주리의 한 해는 그렇게 늘 즐겁고 화려하다.

가드너의 겨울

새로운 도약을 위한 준비, 롱우드 대학원 과정에 도전하다

12/02 목

조직 배양

조직 배양이란 식물 개체의 작은 일부분을 무균 상태의 특별한 배지에서 키워 똑같은 개체들을 대량 번식하는 방법이다. 롱우드에서는 국화, 칸나, 시네라리아, 사라세니아 등을 하는데, 바이러스 없는 묘를 대량 생산하는 것이 관건이다.

조직 배양실엔 장갑과 신발 덮개를 착용 후 입실해야 한다. 후드에 앉아서 작업을 할 때는 장갑을 낀 손 또한 수시로 알코올로 소독해 준다. 조직 배양묘의 비커를 열 때는 후드 쪽으로 향하고 열어야 한다. 매 식물 개체마다 핀셋과 칼을 교체하는데, 사용한 것은 전열소독기에 5초간 소독해야 한다.

국화는 한 마디 단위로 잘라 새로운 배지에 이식한 다음, 뚜껑을 닫고 파라필름으로 밀봉 후 라벨 표기를 해 준다. 단순 작업이지만 은근히 재미있다. 한창 작업에 몰두할 때는 아무 생각도 들지 않고 편안히 명상에 잠긴 느낌마저 든다.

12/05 일

워터링 듀티

오늘은 온실 관수 당직 근무하는 날이다. 온실 가드너 캣과 조이스가 출근해 있었다. 뮤직룸부터 관수를 시작했다. 온실 전시홀의 북쪽에 위치한 뮤직룸에는 크리스마스트리가 여러 그루 있다. 전나무 등 거대한 침엽수를 밑둥에서 잘라 철제 화분에 고정시켜 놓았는데, 나무가 마르지 않도록 물을 계속 보충해 주어야 한다. 전시홀 청소를 해 주고, 오랑주리 천정에 매달린 포인세티아 행잉 바스켓에 관수를 해 주었다. 이 거대한 행잉 바스켓 하나에 48개의 포인세티아 화분이 심겨 있다니 놀랍다.

관수를 마친 다음에는 온실 뒤쪽 재활용 창고로 가서 얼마 전 철거한 국화 화분에서 와이어를 제거해 주었다. 나무, 풀, 흙, 종이, 플라스틱, 쇠붙이 등 정원에서 사용되는 모든 재료들은 철저하게 분리해 재활용하고 있다.

12/11 토

뉴욕, 뉴욕!

뉴욕으로 당일치기 여행을 다녀왔다. 롱우드가든에서 매년 이맘때면 저렴한 비용으로 직원들을 위해 일일 버스 트립을 제공한다. 록펠러센터의 크리스마스트리를 보고, 구겐하임 미술관도 구경했다. 유니언 스퀘어와 센트럴파크……. 언제 와도 참 느낌이 좋은 곳이다.

12/15 목

세미나

일을 끝낸 후 자동차의 전조등 수리를 하러 갔다. 97달러 정도 나왔다. 저녁에는 세미나가 있었다. 요코, 링, 조쉬, 알렉산더와 함께 하는 세미나인데, 각자 음식을 해가지고 와서 돌아가면서 자신이 하고 싶은 식물 이야기를 하는 자리다. 오늘은 요코가 발표하는 날이다. 그녀가 휴가 기간 중에 다녔던 칠레의 고산지대에서 찍은 꽃 사진들을 보면서 이야기를 들었다. 자그만 체구로 텐트 하나 들고 혼자서 험난한 산을 즐기는 그녀가 참 대단해 보였다. 세상 어디에서도 갖지 못할 소중한 시간이 흐르고 있다.

01/13 목

군자란 종자 파종

조직 배양실에서 군자란의 종자를 파종했다. 군자란은 연구 부서에서 중요한 육종 대상으로 삼고 있는 식물이다. 벌써 롱우드가든의 이름을 붙인 품종이 여럿 탄생했다. 새로운 교잡을 통해 맺힌 씨앗은 락스에 소독 후 버미큘라이트에 심는다. 우리나라 꽃가게에서 그리 대수롭지 않게 보아 왔던 꽃이 여기서 이렇게 대접을 받고 있으니 놀랄 일이다.

01/14 금

동백나무 육종

추위에 강하고 연중 꽃이 피는 동백나무 품종을 개발하는 것도 롱우드가든의 주요 프로젝트 중 하나다. 수년 동안 롱우드가든의 동백나무 육종을 도와온 자원봉사자와 함께 일했다. 동쪽 온실 끝자락에 위치한 동백나무 전시원에 가서 개화가 한창인 꽃들의 수술을 잘라 내고 암술만 남긴 후 봉지를 씌워 준다. 며칠 후 이 꽃의 암술에 다른 꽃의 꽃가루를 묻혀 줄 것이다. 원래 동백나무 육종 프로젝트에서 중요한 꽃가루로 쓰이는 종이 카멜리아 아잘레아 *Camelia azalea*인데 안타깝게도 모두 고사하고 말았다. 그 대신 이와 비슷한 특성을 가진 하이브리드 종을 이용한다. 어려운 점은 인공 수정을 해도 씨앗이 잘 형성되지 않거나, 형성이 되어도 발아가 잘 안 된다는 것이다. 하지만 꾸준히 이 프로젝트를 지속하면 언젠가 좋은 결과가 있으리라 확신한다.

01/24

지중해 가드닝

지중해정원에서 전문 가드너인 캣을 만났다. 빨갛게 염색한 머리에 짙푸른 아이라인, 코와 혀에 피어싱을 한 그녀는 지중해정원과 아주 잘 어울렸다. 때마침 캘리포니아의 매력을 담고 있는 미뮬러스 '발렌타인' *Mimulus* 'Valentine' 이 중앙 벤치 옆쪽으로 빨갛게 피어나고 있었다.

오늘의 미션은 지중해정원 입구를 장식하고 있는 덩굴식물

플럼바고를 다듬어 주는 일이었다. 무성하게 자라 길게 뻗친 가지들이 우거져 있다. 손이 닿지 않는 높은 곳도 정리를 해야 하니 사다리와 밀차를 준비하고 작업을 시작했다. 아직 플럼바고의 파란색 꽃이 많이 피어 있었지만 절정기를 지나 거의 지고 있는 상황이었다. 남아프리카 원산의 플럼바고는 매우 빨리 자라는 식물이다. 꽃은 새로 난 가지에서만 피므로 가지치기를 할 때는 과감하게 해 준다. 또 다른 덩굴식물인 테코마도 가지치기를 해 주었다. 플럼바고와 달리 꽃을 많이 남겨 놓고 다 진 꽃만 정리해 주었다. 무성하게 자란 병솔나무를 잘라 낼 때는 좀 아깝기도 했다. 잘라 낸 가지에 달린 꽃을 꽃꽂이 소재로 쓰면 참 좋을 것이다.

02/04 금

대학원 인터뷰

오후 반차를 내고 저녁 6시 델라웨어 대학교 부근 메리어트 호텔에 도착했다. 케이트가 도착했고, 다른 후보들도 속속 도착했다. 오늘 저녁부터 2박 3일 동안 롱우드 대학원 과정의 면접 일정이 시작된 것이다. 델라웨어 대학교에서 석사 학위를 받게 되는 이 프로그램은 롱우드가든에서 학비 전액과 체재비 일부를 지원해 준다. 미국 내 식물원, 수목원 등 네트워크를 활용해 대중 원예 분야의 관리자를 양성하는 2년 과정의 프로그램이다. 이 프로그램 출신들이 북미 지역 전역에 걸쳐 주요 정원에서 디렉터 혹은 원예팀장 등으로 활동하고 있기 때문에 더욱 명성이 높다.

호텔 로비에서 모인 사람들과 인사를 나눈 후 여장을 풀고 식사 장소로 향했다. 캐서린 루니스라는 레스토랑에서 저녁을 먹으며 편하게 이야기를 나누었다. 공식적인 일정은 내일부터이고, 오늘 저녁은 현재 프로그램 재학생들과 지원자들만 참여하는 자리여서 부담이 없었다. 이번 지원자들은 남자 4명, 여자 6명으로, 그중에는 롱우드가든의 너서리 인턴이었던 브렌단도 있었다. 나는 그와 방을 함께 쓰게 되었다. 내일 있을 프레젠테이션, 그리고 모레 인터뷰에 대한 부담으로 잠이 오지 않았다.

02/05 토

인터뷰 1일차

아침 6시쯤 일어나 샤워를 하고 준비를 했다. 오랜만에 양복을 입어야 해서 시간이 좀 걸렸다. 아침은 호텔 로비에서 뷔페식으로 먹었는데 프로그램 담당 교수인 밥과 로라, 오브리가 함께했다. 아침을 먹으며 이런저런 이야기를 듣고 델라웨어 대학교로 향했다. 먼저 재학생들의 프레젠테이션이 있었고 이어 교내 투어가 있었다. 점심은 학교 근처 레스토랑에서 먹었는데 테이블에는 이름표가 있었다. 나는 제니 셔리어 교수, 로라, 펠리시아와 함께 점심을 먹었다. 메뉴는 채식으로 골랐는데 큰 샌드위치가 두 덩어리나 포함되어 있어서 양이 많았다. 나는 아이폰과 아이패드에 대한 생각, 식물원에서 도서관과 미술관의 역할 등에 대해 이야기하며 화제를 이끌었다. 제니 교수가 편하게 느껴져서인지 자신감 있게 여러 이야기를 할 수 있었다. 점심 후에는 다시 델라웨어 대학교로 자리를 옮겨 본격적인 프레젠테이션을 시작했다. 나는 두 번째였는데, 완벽히 연습을 했다고 생각했는데도 첫 슬라이드부터 엉뚱한 말로 시작을 하고 중간에도 몇 번 할 말을 잊어버렸다. 하지만 아주 망치지는 않았고 프레젠테이션 후 질문에 대해서도 짧고 명확하게 답변을 할 수 있었다. 롱우드가든의 교육부장인 더그 니덤이 여미지식물원의 교육 프로그램에 대해 질문을 해서, 식물 교실 프로그램에 대해 설명했고, 밥이 멸종 위기 식물을 재배하는 농장에 대한 질문을 해서 한국의 여건과 서식지 외 보전기관 사업에 대해서 설명을 했다. 많은 사람들이 내 슬라이드와 사진, 특히 마지막 슬라이드인 국립 생태원 계획에 관심을 보였다. 다른 후보자들 중에서는 사라의 라틴어 학명 이야기, 퀼의 장미에 대한 이야기, 네이트의 난에 관한 이야기, 애비의 독특한 프레젠테이션 포맷이 인상적이었다. (후에 나는 이들이 모두 합격되었다는 걸 알았다.) 발표는 철저히 준비가 되어야 하고 신선한 소재와 재미있는 이야깃거리가 포함이 되어야 한다는 걸 알았다.

　　　　　프레젠테이션 후 우리는 더그 니덤의 집으로 가서 저녁을 먹었다. 포틀럭 파티로 재학생들이 준비해 온 음식을 먹으며 이야기를 나누고 게임을 즐겼다. 집이 무척 넓고 깨끗해서 마치 작은 박물관이나 미술관 같았다. 그는 음악을 좋아해서 1920년대산 축음기를 가지고 있었고, 오르간과 다른 몇 가지 악기도 보유하고 있었다. 큰 개가 두 마리 있다고 했는데 2층에 갇혀 있는 것 같았다. 다같이 단어 게임을 즐기는데 내 차례가 왔을 때는 몇 번 당황하기도 했다. 영어 단어를 설명하는 부분에서 말문이 막혀 좀 난처했다. 어떤 상황에서도 태연할 수 있는 태도와 유머가 필요한 듯하다. 호텔로 돌아와 내일 있을 최종 인터뷰 준비를 하다가 잠이 들었다.

02/06 일
인터뷰 2일차

　　　　아침 7시에 모여 롱우드가든으로 향했다. 차를 몰고 가서 테라스 레스토랑에서 사람들을 만나 아침을 먹었다. 오늘도 테이블 위에는 이름표가 있었고, 나는 델라웨어 대학교 농대 학장인 로빈 모건, 라켈과 함께 식사를 했다. 한국의 식물원 실정에 대해 이야기를 했는데, 결과적으로 나의 영어가 짧아서 도움이 된 건지 어떤지는 잘 모르겠다. 오후에는 인터뷰가 잡혀 있어서 오전에 롱우드가든 투어를 했다. 숀과 함께 롱우드가든의 외곽을 돌며 설명을 들었는데, 여기서 벌써 8개월간 일했지만 처음 듣는 이야기도 많았다. 다만 아직 듣기가 완벽하지 못해 많은 부분을 놓쳤다.

　　　　점심도 테라스 레스토랑에서 먹었다. 타일러 수목원 원장인

릭 콜버트, 베키, 브렌단과 함께했다. 주요 화제는 요리와 책이었는데, 브렌단이 이야기를 많이 하고 나는 상대적으로 묻는 말에 대답하는 정도였다.

오후에는 베툴라Betula 룸에서 인터뷰 순서를 기다리며 잡지를 보거나 게임을 하고 간식을 먹으며 긴장을 풀었다. 드디어 내 차례가 되어 회의실에 들어섰는데, 생각보다 많이 떨리지는 않았다. 첫번째 질문은 자기 소개를 간단히 해 보라는 것이었다. 나는 출판 편집자였고 꽃과 가든이 좋아 가드너가 되었으며 더 공부가 필요해 이곳까지 오게 되었다고 말했다. 두 번째 질문은 이 프로그램에 대해 어떻게 알게 되었는가였는데, 롱우드가든 국제 정원사 과정을 준비하면서 알게 되었다고 했다. 세 번째 질문은 왜 이 프로그램에 지원했는가 하는 거였다. 리더십, 네트워크, 논문을 통한 전문성, 이렇게 세 가지 이유에 대해 설명했다. 네 번째 질문은 프로그램 후 한국의 식물원에서 일을 한다면 어떤 부분에서 기여할 것인가라는 질문이었고, 나는 식물원의 중장기 리노베이션 계획을 세우는 일에 기여하고 싶다고 답했다. 그 외 몇 가지 질문에 답하고, 마침내 인터뷰를 무사히 마쳤다. 당연히 긴장했지만, 그렇다고 할 말을 못하거나 실수를 한 것 같지는 않았다. 이제 결과는 하늘에 맡기는 수밖에 없었다. 다른 친구들이 모두 인터뷰를 마칠 때까지 기다리면서, 이미 끝낸 후보들과 재학생들은 이탈리아가든 쪽까지 천천히 걸으며 투어를 했다. 레드 파이어 그릴이라는 레스토랑에서 풋볼 게임을 보며 다같이 저녁 식사를 하는 것이 마지막 일정이었다. 나는 맥주와 함께 쇼트리브를 먹었다. 그 어느 때보다도 맛있는 맥주였다. 합격 여부는 내일 개별적으로 통보된다.

02/07 월

합격 발표

제이슨과 재배하우스에서 일을 하는 첫날이다. 재배하우스를 전체적으로 돌아보면서 제이슨으로부터 설명을 들었다. 특히 부활절 백합 '넬리 화이트'*Lilium longiflorum* 'Nellie White'에 대해 상세하게 들었다. 4~5월쯤 새하얗고 길다란 꽃이 나팔 모양으로 피는 이 백합은 이름 그대로 부활절에 꽃이 피므로 그때까지 주로 온도 조절을 해서 개화를 정확히 맞추어야 한다. 그 후에는 쓸모가 없기 때문이다.

    투어를 마친 후 후크시아 행잉 화분의 핀칭pinching, 즉 순지르기 작업을 했다. 순을 따 주면 곁눈이 많이 생겨나 후크시아가 더 풍성해진다. 케이틀린도 같이 일을 했다.

    사실 일을 하긴 했지만 롱우드 대학원 과정 합격 발표가 바로 오늘이기 때문에 나의 신경은 온통 핸드폰에 가 있었다. 보통 오전 중에 연락을 준다고 했는데, 내 전화벨은 울리지 않았다. 정오가 지나면서 나는 거의 마음을 접었다. 점심을 먹고 오후에는 다시 핀칭 작업에 몰두했다. 하루가 참 길었다. 혹시나 했지만 일과가 끝날 때까지 전화가 오지 않았다. 숙소로 돌아와 4시 반쯤 스카이프로 아내와 통화를 하며 안 된 것 같다고 이야기하고 있는데 갑자기 전화벨이 울렸다. 밥 라이언스 교수였다. 합격했다고! 하루 종일 애타게 기다려서인지 나는 날아갈 듯 기뻤다. 아내도 모니터에서 환호성을 지르며 좋아했다. 앞으로 헤쳐 나갈 일이 걱정되기도 했지만, 가슴은 마구 설렜고, 생각할수록 참 잘된 일인 것 같았다.

02/10 목

배양토 배합

아침 일찍부터 재배하우스에서 배양토를 만들기 시작했다. 여러 개의 거대한 컨테이너들이 연결된 토양 혼합기를 이용해 피트모스와 질석, 상토 따위를 잘 섞어 주는 일이다. 페이퍼화이트수선화 같은 구근들을 심기 위한 토양이다. 피트모스는 이탄 습지에서 물이끼가 아주 오랫동안 퇴적되어 만들어진 것을 채취해서 말린 것인데, 가볍고 보습력이 뛰어나 원예용 배양토의 주요 성분으로 많이 쓰인다. 가루가 너무 고와 먼지처럼 뿌옇게 흩날리기 때문에 방진용 마스크를 쓰고 작업을 했다. 머리와 옷은 먼지투성이가 되었다.

      배양토 배합 작업을 마치고 수국을 옮겨 심었다. 수국은 깊이 심으면 안 되고 원래 화분에 있던 토양 표면과 높이를 정확히 맞추어 주어야 한다. 수국의 꽃은 산성에서 푸르게 변하므로 파란색 꽃을 얻기 위해 황산알루미늄과 같은 산성 물질을 물에 용해하여 시비해 준다. 오후에는 백합 구근을 심었다. 화분 바닥에 흙을 약간만 깔고 그 위에 구근을 놓은 후 흙으로 채운다. 백합은 줄기에서 뿌리가 내리기 때문에 구근을 깊이 심어 준다. 하루하루 몸으로 배우는 게 많아 기분이 참 좋다.

02/11 금

투데이스 호르티컬처

      오전에 그린하우스에서 백합의 지주를 세우는 작업을 했다. 산호꽃 Justicia carnea 줄기들을 서로 끈으로 엮어 주는 타잉 tying 작업이다. 롱우드가든은 꽃의 전시 품질을 최우선으로 생각하기 때문에, 키가 크고 풍성하게 자라는 식물을 많이 쓴다. 이때 꽃대가 쓰러지거나 수형이 안 좋게 되는 것을 막기 위해 지주를 세우고 끈으로 줄기들을 바로잡는 것이다.

      11시에는 심포지엄에 참석했다. 프로페셔널 가드너 프로그램 동창회에서 매년 준비하는 심포지엄으로, 투데이스 호르티컬처 Today's Horticulture라는 명칭을 갖고 있다. 주말을 앞두고 이렇게 오전에 일을 마치고 심포지엄 같은 이벤트에 참석하는 것은 더할 나위 없이 즐겁다. 더구나 내 관심 분야인 자연 습지와, 구근 식물에 관한 강연을 들을 수 있어서 행복했다. 유럽과 중동의 정원을 소개하는 내용의 강연도 좋았다.

02/12 토

록가든 소사이어티

오늘은 록가든 소사이어티 미팅이 있는 날이다. 롱우드가든을 벗어나 지역의 민간인들로 구성된 식물 동호회는 어떤 분위기인지 궁금하여 이 모임에 가입했다. 록가든은 암석원을 말하는데, 주로 고산지대에서 살아가는 식물들로 이루어진 정원이다. 얼마 전 터키에 다녀왔던 분들이 그곳 여행지와 식물, 정원에 관한 사진과 이야기를 발표했다. 회원들은 주로 나이가 지긋한 시니어들이었지만, 가족 같은 분위기에서 깊이 있는 식물 이야기들을 접할 수 있어 좋았다.

02/13 일

플라워쇼 자원봉사

랜던버그에 사는 린의 집을 방문했다. 린은 수년째 필라델피아 플라워쇼에 자신의 식물들을 출품해 온 아마추어 원예가다. 재배하는 식물들이 워낙 많아서 매년 롱우드가든 교육생들의 도움을 필요로 하는데, 이번에는 나와 몇몇 친구들이 그녀를 돕기로 했다. 린의 집은 아주 근사했다. 한쪽에 온실도 있었는데, 내가 늘 꿈꿔 왔던 그런 집이었다. 집 안에는 벽난로가 있고 사방에 창문이 있어서 바깥 풍경도 잘 보였다. 커다랗고 순한 개도 한 마리 있었다. 저녁은 치킨에 감자, 당근, 콘샐러드, 애플파이, 그리고 커피를 디저트로 먹었다. 식사를 하면서 린으로부터 『브라더 가드너스 Brother gardeners』라는 책에 관한 이야기를 들었다. 18세기 여섯 명의 식물 수집가들이 어떻게 초기 미국의 원예와 정원 문화에 영향을 미쳤는지에 대한 내용이었다. 이렇게 오직 식물을 가지고 사람들과 교류하며 멋진 시간들을 갖는 것이 꿈만 같다.

02/18 금

목마가렛

목마가렛Argyranthemum frutescens 'White Improved'이라는 식물을 관리해 주었다. 화분에 심어 놓은 이 여러해살이 초본 식물은 줄기의 높이가 70센티미터 정도로, 마치 작은 나무처럼 하나의 줄기만 키워 위에만 동그랗게 다듬어 만든 스탠다드 형태의 토피어리다. 오늘 내가 한 일은 전에 후크시아 순지르기와 마찬가지로 줄기의 마디 끝에 달린 순을 따 주는 일인데, 이렇게 하면 곁에서 새 순들이 풍성하게 나와 4월과 5월 사이에 꽃이 필 때 아주 예쁜 모양이 된다. 목마가렛은 밝은 햇빛을 좋아하고, 비료는 한 달에 한 번 주면 된다.

02/21 월

중국인의 채소 농장

오전에는 수선화와 튤립을 온실로 운반했다. 온실은 이미 봄 기운으로 가득하다. 그린하우스에서 국화 삽목 작업을 했다. 작년에 쓰고 남은 국화 품종들로부터 줄기를 잘라 상토가 담긴 포트에 꽂아 놓는 것이다. 그러면 또 올가을에 쓸 국화들이 자라나게 된다. 줄기를 자를 때 바이러스 감염이 될 수 있으므로, 옆에 알코올을 놓고 수시로 가위를 소독해 준다.

점심에는 브라운백 프레젠테이션이 있었다. 지난달 인도를 여행하고 돌아온 롱우드 대학원 프로그램 교육생들의 발표다. 인도의 정원과 식물에 관한 사진과 이야기가 재미있었고, 중간에 자르넬을 만난 사진도 보여 무척 반가웠다. 일찍 귀국하여 지금쯤은 여기에서 보낸 3개월이 까마득하게 여겨질 것 같았다. 나도 내년이면 롱우드 대학원 과정을 하면서 동기들과 해외 정원 투어를 할 생각을 하니 마음이 부풀어 올랐다. 이례적으로 우리 기수는 5명이 아닌 6명의 교육생이 합격되어 함께 프로

그램에 참여할 계획이다.

        오후 일과를 마치고 요코, 링과 함께 중국인이 운영하는 농장을 방문했다. 농장 주인 수친이 안내를 해 주고, 다과도 내왔다. 그녀는 베이징 중국농업대학을 졸업하고 듀퐁사에서 근무하다 7년 전 농장을 개원했다. 남편은 아직도 듀퐁사에 근무한다고 했다. 그녀는 상추와 오이, 무 등 우리나라를 비롯한 동아시아에서 많이 먹는 종류들을 키웠는데, 폐에 좋다는 어성초도 키우고 있었다. 주변에 야생 동물들이 많아 애로사항이 많은데, 특히 마멋이 골칫덩어리라고 했다. 마멋은 머리가 좋아서 웬만한 방법으로는 침입을 막기 어렵다고 한다. 해충인 알풍뎅이도 말썽이다. 2년 동안 땅에서 지내는데 땅을 일궈 주어 새들이 다 잡아먹도록 해야 한다. 사실 알풍뎅이는 일본과 중국에서는 별로 문제가 안 되지만 미국에서는 외래 도입 해충으로 크게 번성하여 문제가 심각하다. 수친은 자신이 키운 채소를 파머스 마켓에 납품한다. 시즌마다 서른 가지 채소들을 기르고, 특히 미국인이 많이 먹는 채소가 아닌 색다른 종류를 선보여 인기가 많다. 수확하고자 하는 날짜로부터 역계산하여 파종 시기를 정한다. 무는 너무 일찍 파종하면 재배 기간이 길어지고 기온이 높아져 섬유질이 너무 많게 되고 맛이 없어진다. 너무 늦게 파종하면 잎은 많은데 뿌리가 잘 발달하지 않는다.

02/22 화

케이틀린 이야기

        눈이 많이 와서 제설 작업을 해야 했다. 온실 주변과 연구동 그린하우스 뒷길의 눈을 치웠다. 교육생들이 모두 모여 눈을 치우다 보면 옛날 생각도 나고 운동도 되고 좋다. 땀 나도록 제설 작업을 하고 그린하우스에서 일을 시작했다. 며칠 전 시작한 목마가렛 순지르기 작업을 계속했다. 프로페셔널 가드너 교육생인 케이틀린과 함께 이야기를 나누면서 일하니 심심하지는 않았다. 그녀는 사냥과, 에이티비를 타는 게 취미라고 했다. 열 살 때부터 사냥을 시작했는데, 첫 사냥으로 칠면조를 잡고 기념으로 박제를 해 두었단다. 사냥을 하려면 허가증이 필요하고 일 년에 40달러 정도 회비를 납부해야 한다. 엘크나 곰 같은 동물은 추가 회비가 필요하다. 어머니가 스무 살 때 자신을 낳았다고 했는데, 따져 보니 케이틀린의 어머니와 내가 나이가 비슷하다는 걸 알고 깜짝 놀랐다. 나이는 숫자에 불과하다고 믿지만, 동년배 친구의 자식뻘 되는 사람과 같이 일하며 공부하고 있다고 생각하니 기분이 묘했다. 나이도 그렇지만 배움에도 늦은 때는 없는 거라고 다시 한번 마음을 다잡아 보았다.

02/23 수

루트비어 플로트와 초콜릿 가게

목마가렛의 순지르기 작업을 한 다음, 펜타스의 플러그묘를 이식했다. 그리고 수선화와 튤립을 작업 차에 싣고 온실 전시 화단으로 운반했다. 일을 마친 후 재닛의 사무실에 들러 잠시 이야기를 나누었다. 올여름 아내와 딸아이가 이곳에 와서 살게 되면 해결해야 할 일들을 미리 알아보고 있다. 학교 시스템은 펜실베이니아가 델라웨어보다 좋다고 했다. 여기는 한국보다 각종 보험료가 굉장히 높다고 알고 있는데, 그에 관한 얘기는 나중에 듣기로 했고, 자원봉사자 수에게는 집을 좀 알아봐 달라고 부탁해 놓은 터였다. 숙소에 와서 데이비드와도 잠시 이야기를 나누었다. 이런저런 잡담을 하면서 데이비드가 루트비어 플로트Root Beer Float라는 걸 만들어 주었는데, 맥콜 맛이 나는 청량음료인 루트비어에다가 아이스크림을 넣어서 먹는 것이다. 괜찮았다. 콩코드몰 근처에 있는 트레이더 조라는 그로서리 스토어에 가면 괜찮은 초콜릿 가게가 있다고 했다. 언제 귀국 선물을 사러 한번 들러야겠다.

02/26 토

기적의 나무

윈터투어 가든에 갔다가 허탕을 쳤다. 이 정원은 4월 목련과 봄철 구근류, 각종 철쭉류의 꽃들로 유명한데, 겨울에 문을 닫는 걸 깜박했다. 봄에 다시 올 것을 기약하며 발길을 돌렸다. 오는 길에 유니온빌에서 열리는 중고책 장터에 들렀다. 딸아이가 읽으면 좋을 책들과 요리책, 정원 관련 책을 몇 권 구입했다. 다 해서 12달러밖에 안 된다. 실내 식물에 대한 괜찮은 전집을 20달러에 구입했는데, 보물을 찾은 것처럼 기뻤다.

저녁에는 숙소에서 세미나가 있었다. 오늘은 나이지리아에서 온 알렉산더가 발표할 차례다. 비타민 씨가 오렌지의 7배가 넘고, 90여 종류의 미네랄 성분을 지닌 기적의 나무로 알려진 모링가*Moringa oleifera*라는 식물에 대한 이야기를 들었다. 이런 식물이 우리나라에 도입되면 큰 인기를 끌겠다 생각했는데, 검색해 보니 이미 한국에서 유통이 되고 있었다. 타우마토코쿠스*Thaumatococcus daniellii*라는 식물의 잎은 밥을 쪄 먹는 데 쓴다. 기적 과일*Synsepalum dulcificum*이라 불리는 식물도 있다. 항암 효과가 뛰어난 개똥쑥*Artemisia annua*에 관한 얘기도 나누었다. 국적이 다른 사람들이 모이니 이야기꽃이 끝이 없다. 각 나라의 식물광들이 모인 자리라서 하나하나의 이야기가 더 소중하고 재미있다. 산초나무 껍질을 물에 넣으면 물고기가 기절한다는 것은 요코와 조쉬도 알고 있었다.

02/27 일

겨울 숲을 걸으며

오후 5시쯤 정원으로 산책을 나갔다. 가든숍에 들러 미스티가 추천해 준 책 『브링 네이처 홈*Bringing Nature Home*』과 『그레이트 가든스 오브 필라델피아 리전*Great Gardens of the Philadelphia Region*』

을 구입했다. 그러고 보면 요즘은 어떤 일들이 놀랍도록 적절한 시점에 맞아떨어져 큰 도움이 된다. 내게 필요한 것이 마치 선물과도 같이 주어진다. 기가 막힌 우연이지만 꼭 우연이 아닌 것 같은 순간이다. 내가 앞으로 생각하고 있는 논문의 주제는 멸종 위기 및 희귀 식물을 어떻게 퍼블릭 가든에서 활용할 것인가 하는 것인데, 오늘 미스티가 추천해 준 책은 바로 그 주제에 관한 것이었다. 더구나 내가 입학하게 될 델라웨어 대학교의 교수가 쓴 책이니 조만간 그분을 직접 만날 수도 있을 것이다.

가든 숍에서 책을 구입하고 나니 해가 많이 기울어서 사진을 찍기 어려웠다. 잔디광장 주변의 풍년화 나무들이 꽃이 만개한 것을 발견하고 어둡지만 몇 장의 사진을 찍었다. 숙소로 돌아오는 길, 비어 있는 숲 너머로 보이는 풍경은 한여름 무성했던 숲에 가리워 가끔은 신비롭게 여기기도 했던 상상의 숲속 세계를 너무도 적나라하게 보여 주고 있다. 마치 오랜 삶을 살아낸 후 짙고 푸른 숲의 계절을 지나 모든 것을 투명하고 단순하게 바라볼 수 있게 된 때의 느낌을 잠시나마 맛본다고 할까. 삶은 내가 지금 생각하고 기대하는 것보다 별 게 아닐 수도 있다. 벌거벗은 숲처럼, 언젠가 내 삶이 가지고 있는 그 본래의 줄기와 그 너머의 모습을 쉽게 바라볼 수 있게 된다면, 그건 생각보다 그리 거창하거나 때때로 두렵기까지 했던 그 무언가는 아닐 것이다.

02/28 월

에키움

칼 거슨스와 동쪽 온실 화단에 에키움을 옮겨 심었다. 2년간 키운 에키움 화분은 꽃대가 높이 자라서 무게가 만만치 않았다. 몇 차례 화분을 옮기니 어깨가 뻐근해졌지만 요코가 너서리에서 정성껏 키운 에키움이 이제 그 화려한 꽃을 피워 낼 것을 생각하니 기대가 되었다.

봄에서 여름에 이르는 신록의 계절,
정원의 풍경은 마법처럼 생명력이 넘칩니다.
숲속으로 소풍을 떠나는 느낌을 주는
우드랜드가든,
화가가 캔버스에 그림을 그리듯
정원사가 정원에 꽃으로 수놓은 플라워가든,
향기에 매혹되는 장미정원까지,
봄에 어울리는 롱우드가든의 정원들을
소개합니다.

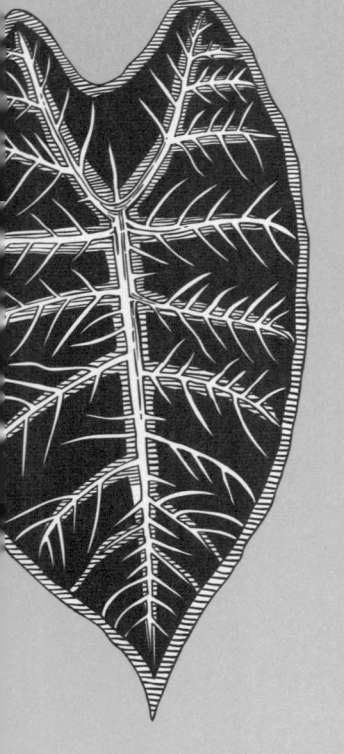

봄의 정원들

우드랜드가든
플라워가든
장미정원

woodland garden

우드랜드가든

가장 자연에 가까운
와일드가든

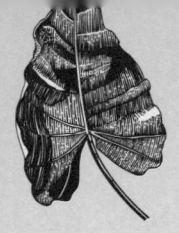

숲의 풍경에는 평온하고 안정적인 장엄함이 있어,
영혼을 기쁘게 하고, 고양시키며,
고귀한 뜻으로 가득 채워 준다.

―워싱턴 어빙 Washington Irving

가장 자연에 가까운 정원

키 높은 튤립나무가 우거진 숲길 따라 중간층에는 다양한 품종의 철쭉과 진달래 같은 아담한 크기의 나무들이, 발밑에는 소박하면서도 고귀해 보이는 풀들이 꽃을 피워 낸다. 어디선가 잔잔한 물소리를 내며 흐르는 실개천 가에는 거대한 낙우송이 특유의 공기뿌리들을 땅 위로 올려 천천히 숨을 고르고 있다. 언제 쓰러졌는지 모를 나무들의 잔해가 자연스레 다른 생물들의 보금자리가 되는 곳. 여기저기 길다랗고 풍성한 꼬리를 가진 다람쥐가 분주하게 뛰어다니고, 나무 위 둥지에는 희한한 새들이 날아다닌다. 헨리 데이비드 소로의 이야기가 펼쳐질 것 같은 자연스러운 숲속 정원의 풍경은 식물원이나 수목원에서 볼 수 있는 다양한 정원의 모습들 중에서 가장 평온하고 위안을 주는 공간이다.

우드랜드가든은 말 그대로 숲속의 정원이다. 큰키나무 아래 작은키나무, 그리고 떨기나무와 그보다 더 작은 풀들이 함께 어우러진 건강한 숲속 생태계 자체가 바로 우드랜드가든이다. 숲속으로 트레킹을 하다 보면 다양한 식물들이 자연스럽게 어우러지며 아름답게 연출된 풍경을 우연찮게 만나곤 한다. 하지만 등산

로에서 만나는 풍경은 대부분 그렇게 극적이지는 않다. 몇몇 종류의 나무와 풀들만 대단위로 군락을 이루며 약간은 지루하고 단조롭게 자라고 있을 뿐이다. 정원이라는 말 자체가 사람이 자기 입맛에 맞게 풀과 나무를 심고 가꾸는 것이므로, 우드랜드가든도 그러한 개념에서 멀지 않다. 숲속과 비슷한 환경을 만들어 놓고, 거기에서 잘살 수 있는 꽃들을 적절히 배치해서 사계절 흥미로운 정원의 모습으로 만드는 것이다. 각종 난개발로 훼손된 곳을 우드랜드가든으로 만들어, 때가 되면 마법처럼 꽃들이 피어나고 온갖 열매를 맺도록 한다면 사람에게나 동물에게나 아주 좋은 일이 될 것이다.

우드랜드가든의 시작

우드랜드가든은 인공적인 요소를 최대한 배제하고 꾸밈 없이 자연스러운 느낌을 주는 정원의 모습을 추구한다. 이것이 바로 1870년 아일랜드의 정원사이자 저널리스트였던 윌리엄 로빈슨이 주창했던 와일드 가든의 개념이다. 사실 그가 말하는 와일드 가든은 단순한 정원의 개념 이상의 생태학적 중요성을 담고 있다. 즉 우리가 정원을 통해 누리고자 하는 삶도 중요하지만, 식물들이 정원에서 생태학적으로 자립할 수 있고 스스로 영속할 수 있도록 해 주는 자원의 보전도 중요하다고 보았다. 그의 와일드 가든 개념은 영국의 코티지 가든 운동과 함께 전 세계적으로 큰 반향을 일으켰다.

미국에서 우드랜드는 결코 새로운 환경이 아니다. 특히 미국 동부 지역에서는 유럽에서 온 정착민들이 농사를 짓기 위해 개간을 하기 전까지 땅은 대부분 우드랜드였다. 그러므로 우드랜드가든을 만드는 것은 과거 건강했던 생태계의 복원이자, 지구의 아름다운 자연환경 조성을 위한 새로운 시작이다.

우드랜드의 가드너

우드랜드로 일하러 가는 길은 숲속으로 소풍을 가는 기분을 느끼게 한다. 숲길 주변에 보이는 풀꽃들 위에 맺혀 있는 이슬은 쇼팽의 싱그러운 피아노 선율처럼 톡톡 튀며 반짝인다. 이제 막 떠오르기 시작한 아침 햇살이 비스듬히 숲속으로 스며들면서 서서히 어둠이 걷히는 광경은 가슴을 뛰게 만든다. 득도한 은둔자들처럼 제자리를 지키며 서 있는 나무들은 크고 작은 숲속 생명들을 지켜 주는 정령들의 보금자리다.

우드랜드가든의 섹션 가드너 판도라와 함께 우드랜드 가드닝을 시작했다. 판도라는 한국 음식을 좋아하는 생기 발랄한 가드너다. 인근 타운으로부터 자전거를 타고 출퇴근하는 그녀는 뭐가 그리 좋은지 늘 환하게 웃고 있다. 우드랜드 정원은 언뜻 보면 그냥 숲속 풀밭처럼 보이지만 판도라 같은 가드너가 있기에 언제나 세심하게 가꾸어진다.

정원 설계 디자인

롱우드가든의 피어스 우드Pierce Wood 정원을 맨 처음 설계한 사람은 조경 디자이너 개리 스미스다. 그는 먼저 현장에서 오일 파스텔을 이용해 전체적인 느낌을 잡아 나갔다. 궁극적으로 원하는 풍경을 스케치하는 것이다. 어떤 컬러 패턴을 원하는지, 길은 어떻게 내는 게 좋을지, 또 다른 계절에는 어떻게 변화할 것인지, 그의 초기 스케치를 보면 현재의 풍경과 아주 닮아 있다. 피어스 우드는 펜실베이니아 남동부 자생식물을 소재로 삼았다. 정원은 생태학적으로 지속 가능한 방법으로 관리되지만, 이 정원의 디자인은 숲을 재현했다기보다는 하나의 예술 작품을 만들어 놓은 것 같다. 그래서 자생식물 중에서도 관상학적 가치가 높은 식물들의 대단위 흐름을 강조했다. 이 정원에는 매뉴얼이 있다. 거기에는 설계 디자인에 대한 개념과 원칙, 식물 목록, 식재 계획 등이 포함되었다. 그 매뉴얼은 20년 이상 정원이 발전해 오면서 정기적으로 업데이트가 되었다.

Right plant, right place

정원을 설계하는 데는 영감이 필요하다. 어떤 시기와 장소에, 그 정원만의 독특한 분위기를 살리면서 그곳을 즐기러 온 사람들이 원하는 느낌을 상상하고, 그것을 다양한 식물로 표현하는 것이다. 또한 정원 설계에서 중요한 것은 적절한 장소에 적절한 식물을 심는 일이다. 우드랜드는 단순한 것 같으면서도 토양의 조건과 습도, 온도와 빛의 양 등 다양한 환경을 갖고 있다. 가령 숲의 가장자리, 또는 얕게 뿌리 내리는 나무 아래는 숲속을 흐르는 냇가 근처보다 훨씬 더 건조하다. 토양의 비옥도와 산성도 역시 어떤 식물이 잘 자라거나 혹은 못 자라게 하는 요인이다. 큰 나무가 쓰러져 환한 곳은 좀 더 밝은 빛을 선호하는 식물들이 잘 자랄 것이고, 아주 깊은 숲속 어두운 음지에는 또 그러한 곳에 잘 자라는 식물들이 자리를 잡는다. 그래서 우드랜드 가드닝이 재미있다. 여러 환경 조건에서 자라는 다양한 식물을 접할 수 있기 때문이다. 건강한 우드랜드일수록 더 많은 다양한 식물이 자라고, 각각의 식물은 자신만의 영역을 가지고 있다. 숲에 사는 동물들도 그만큼 다양해진다. 새와 동물들, 곤충들이 모두 우드랜드 식물을 먹고 보금자리로 삼는다.

경험과 지식을 요하는 우드랜드 가드닝

판도라와 나는 잡초를 제거하는 일부터 시작했다. 우드랜드의 잡초는 대부분 침입종 혹은 외래종이다. 인동이나 갈릭 머스터드, 그리고 찔레 같은 식물들이 악명이 높다. 우드랜드가든에서 잡초를 뽑으려면 먼저 애초에 그곳에 의도했던 식물이 무엇인지 알아야 한다. 매화헐떡이풀*Tiarella cordifolia*과 플록스 '셔우드 퍼플'*Phlox stolonifera* 'Sherwood Purple', 메이애플*Podophyllum peltatum* 따위가 자라는 풀밭에서 잡초들은 쉽게 눈에 띈다. 풀밭에 쪼그리고 앉아 다른 식물들 다칠세라 조심스레 잡초를 골라내는 일은 지루하기도 하다. 하지만 생각하기에 따라서는 이 시간도 약이 될 수 있다. 혼자서라면 도를 닦듯이 상념에 잠길 수도 있고, 다른 가드너와 함께라면 조곤조곤 이런저런 얘기를 나눌 수 있어 좋은 시간이다.

잡초를 뽑은 후에는 멀칭을 해 준다. 낙엽을 부숙하여 만든 부드러운 부엽토를 폭신폭신하게 덮어 주는 것이다. 이것들은 지저분하게 파헤쳐진 곳을 덮어 주기도 하고, 서서히 흙속으로 스며들어 식물들이 자라고 꽃을 피우기 위한 양분이 되기도 한다. 우드랜드 토양을 위한 상처 치유제이자 메이크업인 셈이다.

우드랜드의 식물들은 스스로 번식해 나가지만, 가끔씩은 가드너의 도움이 필요하다. 우리나라에서 연영초라 부르는 트릴리움 속(屬)*Trillium* 식물은 아주 느리게 자라고 번식도 어려운 식물이라 우드랜드에서 풍성하게 가꾸는 데 많은 시간이 필요하다. 그런데 이미 우드랜드에 정착하여 잘 자라고 있는 연영초가 있다

연영초의 뿌리를 나누어
옮겨 심고 있는 우드랜드 가드너,
판도라

그란디폴로룸연영초 *Trillium grandiflorum*

치오노독사
Chionodoxa lucilae

면 적당한 시기에 캐내어 분주를 해 주면 다른 곳에서도 퍼져 나가게 할 수 있다. 이런 작업은 꽃이 피고 난 직후가 좋다.

가드닝 중에서도 가장 수준 높은 지식과 경험을 요하는 것이 바로 우드랜드 가드닝이 아닐까 싶다. 식물들이 자라는 다양한 환경을 알아야 하고, 디자인 측면에서는 보다 큰 그림을 그릴 줄 알아야 한다. 큰키나무와 떨기나무 등 나무 종류와 그 밑을 채우는 초본 식물, 구근 식물들까지 모두 잘 알아야 균형 잡힌 설계 디자인을 할 수 있다. 고요함과 평화로움, 아름다움을 갖춘 숲속 정원은 많은 사람들에게 깊은 울림을 줄 것이다.

우드랜드의 식물들

스프링 에페메럴 스프링 에페메럴Spring Ephemerals은 말 그대로 이른 봄에 반짝 꽃을 피우는 식물을 말한다. 마치 봄을 부르는 요정같이 어느 순간 땅속으로부터 올라온 이 꽃들은 제법 종류도 가지가지다. 대부분 땅속에서 겨울을 나는 알뿌리식물이다. 처음에 땅에 심어만 놓으면 해마다 때가 되면 꽃을 피고 조용히 스러져 가기 때문에 거의 관리가 필요없다. 가드너들에게는 아주 효자, 효녀 같은 존재들이다. 일 년 중 가장 꽃이 없는 시기에 꽃을 보여 주므로 귀하고 특별한 존재들이기도 하다. 긴 겨울 동안 꽃을 보지 못하다가, 이들이 등장하게 되면 사람들의 마음은 설렘으로 가득찬다. 겨울바람꽃Eranthis hyemalis, 치오노독사Chionodoxa luciliae, 시베리아무릇Scilla sibirica, 복수초Adonis amurensis, 설강화Galanthus nivalis, 크로커스Crocus tomasinianus, 수선화, 은방울수선Leucojum vernum……. 3월 초부터 4월 말까지 꽃을 피우는 종류이다. 그다음으로는 버지니아블루벨Mertensia virginica, 그란디플로룸연영초Trillium grandiflorum, 앵초류Primula가

▲ 시베리아무릇 *Scilla sibirica*
▼ 숲아네모네 '알바' *Anemone nemorosa* 'Alba'

▲ 버지니아블루벨 *Mertensia virginica*과
얼레지 '파고다' *Erythronium* 'Pagoda'
▼ 은방울수선 *Leucojum vernum*

자리를 차지한다. 이들이 풍성하게 숲 바닥을 가득 메울 때 위쪽으로는 때마침 미국산수유 Cornus mas, 글라브레스켄스히어리 Corylopsis glabrescens, 진달래 Rhododendron mucronulatum가 꽃을 피운다. 만약 이들이 숲 전체에 골고루 섞여 심어졌다면, 숲의 색깔은 노랑에서 파랑, 하양 등 총 천연색으로 1~2주에 걸쳐 연속적으로 바뀔 것이다.

플록스 스톨로니페라 스프링 에페메럴이 스러진 뒤 출현하여 제법 오랫동안 숲 하부를 꾸며 주는 녀석들이 몇 종류 있다. 그중 플록스 스톨로니페라 Phlox stolonifera 종류는 파란색으로 하늘거리는 꽃잎들을 나무 그늘 밑에 시원하게 펼쳐 준다. 이상하게도 봄에 파란색이 제법 어울린다. 봄에는 노랑이라는 고정관념을 깨고, 숲 바닥의 푸른 빛이 새롭고 싱그러운 느낌을 준다.

매화헐떡이풀 또 하나의 우드랜드 꽃으로 매화헐떡이풀이 있다. 어떻게 해서 우리나라 말로 헐떡이풀이라는 이름이 붙게 되었는지 모르지만, 학명으로는 티아렐라 코르디폴리아 Tiarella cordifolia, 영어 이름으로는 폼 플라워 Foam Flower라는 고운 이름을 갖고 있다. 햇빛에 부서지는 안개처럼, 파도에 부서지는 포말처럼 작고 하얀 꽃들이 무리지어 피어나는 모습이 아름답다.

고사리 우드랜드에서 고사리를 빼놓을 수 없다. 고사리 중에는 그늘지고 습한 숲의 환경에 완벽하게 적응한 종류가 많다. 청나래고사리 Matteuccia struthiopteris가 대표적이다. 5월까지 수많은 봄꽃들이 휩쓸고 간 자리에 청나래고사리가 잎들을 펼치기 시작하면 그대로 가을까지 풍성한 초록 세상을 연출한다. 고사리는 꽃을 피우지 않지만 새순이 나오는 모습은 꽃만큼이나 신기하고 예쁘다. 아기가 손을 움켜쥐었다가 서서히 피는 것처럼 솜털이 보송보송한 새순의 오묘한 생김생김은 숲속의 깨끗함을 그대로 간직하고 있다. 특히 아침 이슬이 맺힌 모습은 오랫동안 시선을 끌기에 충분하다.

로도덴드론 스프링 에페메럴 구근들이 한바탕 휩쓸고 간 자리에서 위쪽으로 관목과 소교목이 꽃망울을 터뜨린다. 그중 로도덴드론이 대표적이다. 우리나라 철쭉 종류에 해당하는 로도덴드론은 수백 가지 품종이 있다. 꽃이 아이 얼굴만큼 큼직큼직한 종류가 있고, 진달래처럼 수수한 종류가 있다. 작은 떨기나무처럼 아담한 크기가 있고, 집채만큼 커다란 것도 있다. 로도덴드론은 산성 토양을 좋아하고, 배수가 잘되는 비탈진 곳에서 잘 자란다. 큰 나무들이 위에서 강한 직사광선을 막아 주고 공중 습도가 높은 곳이 최적의 조건이다. 숲의 바닥층은 계속해서 낙엽들이 쌓여 두터운 부엽층을 형성해서 로도덴드론의 뿌리들이 편안하게 자랄 수 있다. 피어스 우드의 길다랗게 뻗은 숲길은 플로리다불꽃아잘레아*Rhododendron austrinum* 꽃이 노랑에서 짙은 오렌지색으로 흐름을 연출하도록 심어졌다.

우드랜드가든은 이른 봄에 빠르게 변화하며 가장 극적인 연출을 보여 준다. 5월이 되어 나무에 잎이 커지기 시작하고 다른 꽃들이 출현할 때쯤 그들은 소임을 다하고 다시 땅속으로 모습을 감춘다. 누가 땅을 파서 그들을 훼손하거나 건드리지 않는 한, 그들은 언제까지나 이 같은 봄의 쇼를 되풀이할 것이다.

플록스 스톨로니페라 '셔우드 퍼플' *Phlox stolonifera* 'Sherwood Purple'

매화헐떡이
Tiarella Cordifolia

청나래고사리 *Matteuccia struthiopteris*

진달래 '코넬 핑크' *Rhododendron mucronulatum* 'Cornell Pink'

flower
garden

플라워가든

가드너, 정원에
꽃으로 수놓다

정원을 가꾸는 것은 풍경화를 그리는 것과 같다.

— 알렉산더 포프 Alexander Pope

정원, 가드너의 캔버스

　　　　마치 화가가 캔버스에 정성 들여 그림을 그리듯, 정원사는 자신의 정원을 디자인하여 꽃을 심는다. 화가의 그림과 달리, 정원사의 그림은 사계절 내내 끊임없이 변화하는 살아 있는 작품이다. 화폭에 담긴 화가의 그림은 곁에 두고 오랜 세월 동안 감상할 수 있지만, 어느 한순간도 그대로 머물러 있지 못하는 정원사의 그림은 안타깝게도 영원하지 않다. 주홍빛으로 물든 부드러운 햇살이 플라워가든 위로 비스듬히 쏟아지던 어느 저녁, 정원의 어느 지점을 걷다가 울컥 눈시울이 붉어진다. 세상에 이토록 아름다운 풍경이 있을까. 아니, 아름다움 자체보다 더 내 마음을 움직인 것은 모든 것이 완벽해 보였던 그 순간의 풍경이 이제 곧 사라지고 다른 모습이 될 것임을 잘 알고 있기 때문인지도 모르겠다. 복잡한 세상과는 아무런 상관이 없다는 듯 이곳 플라워가든은 꿈속에 존재하는 파라다이스처럼 찬란한 빛을 발하고 있다.

　　　　정원에서 아침 일찍부터 늦은 오후까지 빠듯하게 일을 하고 나면 어떤 날은 서 있기조차 힘들게 지친 몸으로 숙소로 돌아오곤 한다. 하지만 날씨가 좋은 날은 숙소에서 약간의 휴식을 취한 후 저녁 햇살에 이끌려 느지막이 다시 정원으로 향한다. 하루 종일 이런저런 일들과 씨름한 곳이지만 아이러니하게도, 일할 때의 정원과 그것을 즐길 때의 정원은 참 다른 풍경이다. 작업복을 입고 허리에 전정가위를 차고 있을 때와, 말끔한 복장에 카메라를 어깨에 걸친 내 모습은 정원을 대하는 마음가짐까지도 사뭇 다르게 만든다. 특히나 한낮의 뜨거운 해가 멀어지고 부드러운 바람이 섞인 늦은 오후의 풍경은 꽤나 근사한 느낌을 불러일으키고 노곤한 몸과 마음을 편안하게 풀어 주곤 한다.

플라워가든의 역사

플라워가든은 말 그대로 꽃을 보여 주기 위한 정원이다. 농경의 역사가 시작되면서부터 인류는 갖가지 유용한 식물들을 자연으로부터 선택하면서, 꽃이 아름다운 식물들도 함께 정원에 심게 되었다. 하지만 꽃을 위주로 한 플라워가든이 본격적으로 보편화되기 시작한 것은 비교적 최근인 19세기부터였다. 플라워가든에서는 서로 다른 색의 조합을 지닌 꽃들이 계절의 변화에 따라 연속적으로 피어난다. 플라워가든의 화단은 보더border 혹은 베드bed의 형태를 갖고 있는데, 보더는 화단의 한쪽이 울타리나 벽으로 막혀 있는 반면, 베드는 사방이 트여 있다. 보더에서는 자연스럽게 앞쪽으로는 키가 작은 식물을, 뒤쪽으로 갈수록 키가 큰 식물들을 전시한다. 보통 내한성 있는 숙근초를 사용하기 때문에 식물들은 여름철에 이르러 절정에 이른다. 여기에 키 작은 나무나 관목, 장미, 구근류 그리고 일년초들을 함께 사용하면 믹스트 보더mixed border가 된다. 영국 출신의 세계적인 가든 디자이너 거트루드 지킬Gertrude Jekyll, 1843~1932이 만든 플라워베드는 화단을 마치 캔버스같이 사용하도록 색을 사용하는 규칙color scheme 같은 것이 있었다. 가령 따뜻하고 밝은 오렌지, 빨강, 크림슨 같은 색들을 같이 쓸 때는 무지개색처럼 농도 순서대로 배치하였을 때 가장 보기 좋다. 그리고 연한 푸른색과 같이 은은하고 차가운 느낌의 색들은 회색이나 은빛 잎을 가진 식물들과 같이 식재하면 파스텔 색조의 효과가 더 커진다. 또한 파랑과 오렌지 같은 대비색을 나란히 함께 쓰면 각각의 색깔이 더 강렬해진다.

      서양을 중심으로 한 이러한 시대적 유행에 영향을 받은 롱우드가든의 플라워가든은 1907년 처음 만들어졌는데, 200미터 가까이 뻗어 있는 길 양쪽으로 다양한 색의 조합을 가진 꽃들을 감상하도록 디자인되었다. 이 환상적인 꽃길은 북쪽 언덕으로 자리잡은 듀퐁의 집에서 한눈에 내려다 보인다. 테라스 벤치에 앉아 이 정원을 바라보았을 듀퐁과 그의 가족들을 상상해 본다. 그 꽃들을 바라보며 받은 영감으로 그가 벌였던 야심찬 사업들도 모두 아름다운 비전으로 승화되지 않았을까. 그가 만든 플라워가든은 오늘날까지도 롱우드가든의 상징적인 정원이자 하나의 소중한 유산이 되어 그 모습 그대로 그 자리를 지키고 있고 앞으로도 그럴 것이다.

플라워가든의 일 년

      플라워가든의 일 년은 두 시즌으로 나뉜다. 첫 번째 시즌은 튤립과 수선 등 봄소식을 가장 먼저 알리는 화려한 구근 식물들로 장식하고, 두 번째 시즌은 여름과 가을에 걸쳐 일년초 화류 위주로 꾸민다. 이 정원에서 일 년 동안 꽃을 피울 식물들에 대한 계획은 전년도 봄부터 시작된다. 즉, 올봄에 피어나는 꽃들

▲ 플라워가든 입구 전경

▼ 플라워가든에서 바라본 언덕 위 듀퐁의 저택

은 모두 지난봄에 이미 계획된 것이다. 봄철 구근들은 주로 네덜란드의 대규모 구근 농장으로 대대적인 주문이 들어가는데 이 구근들이 10월 중에 배송되면 바로 화단에 심는 작업을 시작한다. 물론 그때까지 다른 꽃들로 풍성했던 화단은 깨끗하게 정리되어 빈 땅이 된다.

이때 흙 또한 새롭게 일구어 준다. 소나무 파쇄물로 만들어진 고운 바크를 섞어 물이 잘 빠지고 공기가 잘 통하도록 해 주는데, 이는 구근이 잘 자라기 위한 최상의 조건이다. 토양이 준비되면 배치도에 표시된 대로 서로 다른 종류 꽃들의 영역을 모종삽으로 표시한다. 구근을 심는 일은 일사불란하게 이루어져야 하므로 이 시기만큼은 다른 구역에서 일하는 가드너들과 교육생들, 자원봉사자들도 와서 일손을 돕는다. 구근 심기에 앞서 각자 필요한 도구와 할당받은 구근 상자를 들고 간단한 교육을 받는데, 중요한 목표는 구근의 간격을 정확히 맞추는 것과, 정해진 일정대로 작업량을 소화하는 것이다. 식재 간격을 맞추기 위해 자 역할을 하는 일정한 크기의 나무토막을 이용한다. 마치 땅따먹기 놀이를 하듯 모두가 각자의 땅 위에 무릎을 꿇고 빠른 속도로 구근들을 심어 나간다. 오랜 시간 동안 쭈그리고 앉아 일하는 것이 결코 쉬운 일은 아닌데, 사람들의 얼굴은 재미있게 흙장난을 하는 표정이다. 나같이 처음으로 이런 일에 참여한 사람들은 틈틈이 기념사진을 찍고 시시덕거리기도 하는 반면에 베테랑 가드너들은 여기저기 구근들이 흐트러짐 없이 정확하게 배치되도록 신경이 곤두서 있는 것처럼 보인다. 사실 이 일에 익숙지 않은 여러 사람들이 참여하다 보니 구근이 놓인 모양도 제각각이다. 정해진 기준보다 촘촘하거나 느슨하거나, 줄과 열이 삐뚤하거나 주변 다른 사람들이 심은 것과 확연히 달라 보이거나 하는 것이다. 아마도 이 모든 작업을 진두지휘하고 있는 가드너는 겉으로는 웃고 있지만 속이 타들어갈지도 모를 일이다. 하지만 식물을 심는 사람들의 성격과 스타일이 다 다른 것을 어쩌랴. 다만 이들이 모두 가드닝에 미쳐 있는 사람들인 것만은 분명해 보인다.

구근을 보호하자!

일주일 넘도록 수만 개의 구근을 심고 나면 마지막으로 흙을 고르게 정리해 주고 밤새 다람쥐와 사슴이 구근을 파먹지 못하도록 망으로 덮어 준다. 겨울이 막 절정을 지나 2월 무렵, 처음으로 새잎이 올라오기 시작하는 순간은 많은 사람들이 손꼽아 기다리던 봄의 첫 신호다. 이 시기부터는 구근을 보호하기 위한 또 다른 방책이 추가된다. 매일 아침저녁으로 전기가 흐르는 울타리를 설치하고 걷어 주는 일인데, 이는 바로 사슴 녀석들 때문이다. 전기 울타리를 설치하면 야음을 틈타 튤립의 새순을 먹으러 정원에 들어오는 녀석들을 놀래켜 쫓아낼 수 있다. 교육생들이 순번을 정해 돌아가면서 하게 되는데, 정원을 사수하기 위해 이렇게까지 하는 게 너무한 것이 아닌가 하다가도 귀한 구근들이 망쳐지는 걸 생각하면 이해가 가기도 한다.

정원의 변신

사람의 기억력은 딱 필요한 만큼 적당한 것 같다. 작년에 질리게 보았던 꽃들도 일 년 정도 지나면 가물가물하고 다시 보고 싶어진다. 사람을 만나는 일도 이와 비슷한 것이 아닐까. 막상 만나면 금세 익숙해지고 할 말도 적어지는데 한동안 연락이 뜸

▲ 구근을 심기 위한 도구들. 무릎 받침대, 모종삽, 발판

▼ 정확한 간격을 유지하기 위해 일정한 크기의 나무토막을 이용한다.

가드너들이 구역별로 할당된 구근을 심고 있는 모습

▲ 10월 말 구근 심기가 완료된 후 플라워가든의 풍경

▼ 4월 말 구근들의 꽃이 거의 만개하여 플라워가든을 가득 채우고 있다.

하면 무척이나 그립고 보고 싶어지니 말이다. 플라워가든에 튤립의 꽃봉오리가 열리고 급기야 거의 모든 꽃들이 만개하게 되면 수많은 인파가 밀려온다. 텅 비어 스산했던 정원은 다시 축제의 도가니가 되어 한바탕 몸살을 치른다. 그러다 보면 어느새 봄이 지나가고 정원은 다시 변화를 맞이한다. 튤립과 수선의 화려한 꽃들이 넘실대던 파도가 어느새 서서히 사그러들기 시작하고 슬슬 여름이 시작되는 것이다.

　　　　봄이 거의 지나갈 무렵 플라워가든은 다시 한번 대대적으로 깨끗하게 비워져 빈 캔버스가 된다. 구근들은 하나하나씩 파헤쳐져 다른 구역으로 옮겨 심겨지거나 한데 모아져 퇴비로 변할 준비를 한다. 튤립 구근들은 대부분 일년초화류처럼 한번 꽃을 보고 나면 다시 쓰지 않는데, 그 이유는 내년 봄에 다시 꽃을 피게 하려면 그만큼 신경을 많이 써 줘야 하기 때문이다. 가령 잎이 누렇게 될 때까지 그대로 놔 두어야 광합성을 통해 구근에 내년에 꽃 필 양분을 축적할 수 있다. 잎이 진 다음에도 구근이 수분이 완전히 마르지 않도록 땅속 깊이 묻어 놓거나 적절한 저장고에 보관해야 한다. 그리고 가장 중요한 것은 한겨울에 추위를 한번 겪도록 해야 날이 풀리면서 꽃대를 올리게 된다. 이렇게 일일이 튤립 구근만을 위해 관리해 주기도 힘들뿐더러 정원은 또 다음 전시를 위해 자리를 내 줘야 하므로 튤립은 그저 일회용으로 사용되는 것이 일반적으로 되어 버렸다.

　　　　5월 말, 봄꽃 전시가 막을 내리면서 구근들이 있던 자리는 더운 여름철에 잘 자라는 일년생 초화류들이 차지하게 되는데, 초화류는 색깔의 톤에 따라 배치된다. 붉은색 계열인 빨강, 주홍, 분홍 등의 꽃들이 한데 모아지고, 그다음에는 노란색 계열, 그

다음에는 파란색 계열, 그리고 끝쪽으로 가서는 흰색의 꽃들이 자리를 차지하는 식이다. 마치 무지개 같은 이러한 색의 배치는 특히 비슷한 톤의 색깔끼리 농도의 변화를 주면서 전체적인 색의 흐름이 따뜻함에서 차가움으로 또는 다시 따뜻함으로 변해 간다. 마치 인상주의 화가의 그림을 보듯 플라워가든은 빛에 따라 시시각각으로 변화하는 색의 다양한 스펙트럼과 질감을 보여 준다.

플라워가든의 식물들

튤립은 뭐니 뭐니 해도 플라워가든의 대표적인 식물이다. 전 세계에 100여 종이 분포하는데 자생종 튤립이 원래 서식하는 곳은 주로 여름은 건조하고 겨울은 매우 추운 곳이다. 튤립이 겨울 동안 추운 땅속에서 겨울을 나야 이듬해 봄에 꽃을 피우는 이유가 여기에 있다. 튤립은 꽃의 모양이 컵, 백합, 별, 앵무새 등으로 매우 다양해서 열다섯 개 이상의 그룹으로 나뉠 정도다. 튤립과 함께 심는 구근들 중에는 히아신스 *Hyacinthus*와 블루벨*Hyacinthoides* 등이 있는데, 이들은 튤립보다 아담한 키에 파랑, 하양, 분홍 꽃들이 올망졸망 달려 봄철 구근 화단에 빠지지 않는다. 구근들 사이로 팬지와 같이 추위에 강하면서도 꽃이 예쁜 식물들을 심으면 잘 어울린다. 봄이 무르익어 갈수록 프리틸라리아*Fritillaria* 같은 이색적인 식물들이 중간중간 등장하여 눈길을 사로잡는다. 이 꽃은 밑을 향해 매달리는 종 모양으로 '황제의 왕관'이라는 영어 이름에서 알 수 있듯 매우 카리스마 넘치는 모습을 하고 있다.

여름철을 위한 화단에는 우리에게 익숙한 맨드라미나 페튜니아, 임파첸스, 백일홍, 제라늄 등이 빠질 수 없는 품목이다.

백합과 같은 모양의 꽃을 피우는 튤립
'발레리나' *Tulipa* 'Ballerina'

옅은 파란색의 스페인블루벨*Hyacinthoides hispanica* 'Excelsior'과 비슷한 색의 팬지*Viola cornuta* 'PAS2117869'가 서로 잘 어울린다.

플라워가든의 겨울과 봄 풍경

이들이 상대적으로 낮은 키의 식물들로 앞쪽에 심겨지면 뒤쪽으로는 좀 더 큰 식물들이 배경이 되어 준다. 우리나라에서는 꽃담배로 불리는 니코티아나 Nicotiana라는 식물도 일년생 초화류 하단에서 많이 쓰이는데, 특히 남미 원산의 니코티아나 실베스트리스 N. sylvestris는 높이가 1미터 넘게 자라며 흰색 꽃이 피는 종으로 인기가 많다. 니코티아나 속에는 전 세계적으로 60종이 넘는 다른 종들이 있는데, 담배를 만드는 니코티아나 타바쿰 N. tabacum도 여기에 속한다. 다투라 Datura 역시 큼직하고 볼 만한 꽃으로 많이 쓰인다. 나팔 모양으로 생긴 꽃은 같은 과 식물인 브루그만시아 Brugmansia와 닮았다. 재미있게도 꽃이 위를 향해 달리는 초본성 다투라는 '악마의 나팔'로, 꽃이 아래로 달리는 목본성 브루그만시아는 '천사의 나팔'로 불린다. 둘 다 독성이 있는 식물이다. 이 밖에도 우리나라에서 풍접초라 불리는 클레오메 Cleome는 거미 혹은 나비처럼 생긴 꽃이 특이하며, 배초향과 같은 속인 아가스타케 Agastache 품종들도 많은 곤충을 유인하는 가운데 널리 사랑을 받고 있다.

  플라워가든이 가장 풍성한 때는 7~8월이다. 비교적 크기가 작을 때 화단에 심겨진 식물들은 날씨가 따뜻해지고 햇빛의 양이 점점 많아짐에 따라 빠른 속도로 무성하게 자라 정원을 가득 채운다. 이때쯤 되면 겨울 동안 비워져 있던 이곳의 풍경은 잘 기억이 나지 않을 정도로, 똑같은 공간이 여름과 겨울에 보여 주는 모습은 서로 완전히 다른 세상이다. 하지만 수많은 꽃과 사람들, 나비와 벌들로 가득했던 정원은 여름이 지나면서 다시 빈 땅으로 돌아갈 채비를 한다. 조금씩 시원한 바람이 불기 시작하면서 풀과 나무는 한층 더 성숙한 모습으로 변해 가고, 10월 말이 되면 정원은 다시 내년 봄에 피어날 구근들의 영토가 되기 위해 깨끗하게 비워진다. 비우지 않으면 다시 뭔가 새로운 것을 채울 수 없다는 것을, 정원은 늘 새롭게 그려지는 아름다운 풍경으로 말없이 보여 주고 있다.

장미정원

아찔한 향기에 취하는
로맨스의 정원

나는 몇 년을 꽃과 함께 살았다.
그 무엇에도 구애받지 않고 꽃이 언제 피는지 관찰했다.

―헨리 데이비드 소로 Henry David Thoreau

장미정원의 역사

장미정원에 들어서면 여러 감각이 살아난다. 본능적으로 눈은 장미꽃의 아름다운 색깔을 인식하고, 마치 사랑하는 연인을 바라보듯 힘이 풀린다. 속이 꽉찬 풍만한 장미 하나하나의 자태는 마음속을 풍요로움으로 가득 채운다. 어디에서도 맡아 보지 못한 향기들이 뇌 안에 잠자고 있던 또 다른 감각을 깨워 온몸으로 퍼져 나간다. 장미는 '꽃'이라는 단어의 대명사, 그 자체로 손색이 없다. 장미꽃이 가득한 정원은 태초에 있었을 정원의 모습이 그랬을 것 같은, 정원의 원형처럼 인식된다.

장미는 기원전 3000년 무렵부터 재배되어 왔고, 사람들에게 크게 사랑받기 시작한 것은 로마 시대라고 알려져 있다. 안토니우스의 사랑을 차지하기 위해 침실을 온통 장미꽃으로 채웠다는 클레오파트라, 의복부터 요리, 연회 장식에 이르기까지 일상생활 속에 늘 장미를 가까이 했던 네로 황제의 장미 사랑은 유명하다.

오늘날 유럽의 많은 식물원 수목원에서 볼 수 있는 장미정원의 효시는 1800년대 나폴레옹의 부인 조세핀이 프랑스 말

롱우드가든 장미원 전경.
봄이면 화려한 의상의 방문객들이
장미꽃과 향기를 즐기기 위해
이곳을 찾는다.

메종에서 가꾸었던 장미정원이다. 당시 그녀는 약 250종의 장미를 수집하여 정원에 심었다. 영국에서 프랑스가 전쟁 중일 때 말메종으로 가는 장미를 운반하던 배는 그냥 보내 주었다고 하니, 그녀가 가졌던 권력과 장미 사랑은 명성만큼이나 대단했다.°

장미는 서로 다른 종끼리 교잡이 잘 되어 새로운 품종을 만들기가 쉽다. 전 세계적으로 100여 종이었던 원종 장미들이 지금은 1만 5000품종에 이른다. 수많은 식물들 가운데 인간에게서 가장 사랑받는 꽃의 하나로 선택받은 덕에 장미는 빠르게 가문을 확장시키며 호사를 누려 온 것이다. 특히 식민지 시대에 많은 문물과 함께 식물들이 동서양을 오가면서 많은 원예종들이 탄생하였다.

장미는 크게 올드 가든 로즈old garden rose와 모던 로즈modern rose로 나뉜다. 그 기준점이 되는 해는 1867년인데, 바로 이 해에 장미 품종에 새바람을 일으킨 첫 번째 하이브리드 티Hybrid Tea 장미가 탄생했기 때문이다. 라 프랑스La France라는 이름의 이 장미는 기존의 장미들이 가지고 있던 한계를 뛰어넘은 혁신적인 품종이었다.

좀 더 자세히 말하면 올드 가든 로즈는 한 해에 한 번만 개화하고, 전년도에 만들어진 가지에서만 꽃이 핀다. 그런데 1800년대 이후 동아시아로부터 유럽으로 티 로즈와 차이나 로즈

° 크리스 베어드쇼, 박원순 옮김, 『세상을 바꾼 식물이야기 100』(아주좋은날, 2014), 182쪽.

가 도입되면서 올드 가든 로즈와 교잡을 통해 새로운 장미들이 개발되었다. 그중 하이브리드 티 로즈는 줄기 끝에 큼직한 꽃이 피는 데다가 당해년도 가지에서 연중 여러 번 꽃이 피는 새로운 그룹의 장미였다. 특히 피스Peace라는 이름의 품종은 1990년대 초까지 수백만 개체가 생산되어 유통이 될 정도로 인기 있는 하이브리드 티 로즈이다.

하이브리드 티 로즈 이후에도 계속해서 플로리분다, 그란디플로라, 미니어처, 클라이머, 램블러 등 다양한 그룹의 모던 로즈가 선을 보였다. 1960년대에는 데이비드 오스틴이라는 사람이 영국의 올드 가든 로즈에 대한 향수로 새롭게 장미를 개발하기 시작했다. 향기가 강하고 복고풍의 장미꽃 모양을 지닌 올드 가든 로즈와, 다양한 색깔과 반복 개화의 특징을 지닌 하이브리드 티, 플로리분다 같은 모던 로즈를 결합시킨 것이다.

롱우드가든의 장미정원 가드닝

롱우드가든에는 두 개의 장미정원이 있다. 하나는 온실에, 하나는 바깥에 있다. 바깥에 있는 장미정원은 봄과 가을 사이에만 즐길 수 있지만, 온실에 있는 장미정원은 여름뿐 아니라 겨울에도 즐길 수 있어 좋다. 특히 온실의 장미정원은 크리스마스에 장미꽃이 만발하도록 시기를 맞춘다.

두 장미정원 모두 피에르 듀퐁이 초창기에 직접 설계했다. 분수 광장의 남쪽에 위치한 장미정원은 1930년대에 조성된 이후, 지금까지 몇 차례에 걸쳐 리노베이션을 해 왔다. 빅토리아 시대의 유럽 장미정원 양식에 영향을 받아 정형 화단 형태로 만들어졌다. 바로 옆에 있는 토피어리가든, 그 뒤로 보이는 웅장한 온실

겨울 동안 장미 뿌리 부분을 추위로부터 보호하기 위해 흙을 덮어 준다.

건물과 함께 장미정원은 아직도 옛 정취를 간직하며 보여 준다.

장미정원도 할 일이 참 많다. 봄에 해 주는 일은 멀칭을 다시 새롭게 깔아 주고 비료를 주는 일이다. 멀칭은 주로 소나무 바크를 이용하는데 잘 부숙되어 냄새가 없는 상태가 최상이다. 풍부한 거름을 좋아하는 장미에게 훌륭한 품질의 퇴비, 즉 6개월 이상 잘 부숙되어 냄새도 안 나는 검고 따스한 퇴비에는 온갖 양분과 좋은 미생물이 풍부하다. 이것은 서서히 땅으로 스며들어 장미에게 지속적인 에너지를 주고 각종 병해충을 이겨 낼 힘을 줄 것이다. 또한 푹신푹신한 멀칭이 깔려 있으면 비가 내릴 때나 물을 줄 때 흙물이 튀겨 장미 잎에 묻는 것을 막아 준다. 결과적으로 이것은 토양에 있던 곰팡이균이나 선충 따위가 장미에 전염되는 것을 예방한다. 물론 보습 효과와 잡초 방제, 한여름 토양의 온도를 낮춰 주고 공기가 잘 통하게 하는 효과는 덤이다. 비료는 석회질 비료를 주어 장미가 좋아하는 산도를 맞추어 주고, 봄철 미네랄과 질소 등 생육에 필요한 거름을 보통해 준다. 꽃이 피는 데 필요한 인산질 비료도 때맞추어 주어야 한다.

장미가 꽃봉오리를 터뜨리기 시작하는 5월 중순, 하나가 터지면 여기저기 일제히 꽃망울이 터진다. 장미꽃이 피는 것은 온도에 따라 달라지는데, 겨울을 지낸 후 섭씨 0도에서 5도 사이의 온도가 15일 이상 유지되면 꽃봉오리가 잡히고, 그 후 온도가 올라감에 따라 꽃봉오리가 커져 3개월 후쯤 꽃이 핀다. 장미는 꽃이 피는 시기에 따라 조생종, 중생종, 만생종으로 구분하기도 한다. 현대 장미가 올드 가든 로즈에 비해 괄목할 만한 성공을 이룬 것은 바로 일 년에 두 차례 이상 꽃을 피운다는 것이다. 정원에는 당연히 이러한 장미들이 인기가 있다. 거기에 향기까지 좋다면 금

상첨화다.

한 해에 여러번 꽃이 피는 장미는 봄에 1차 개화가 끝난 후 가지치기를 해 주면 9월쯤 다시 꽃이 핀다. 그러고 나서 2차 개화까지 끝난 후에는 서서히 월동 준비를 해 준다. 장미 밑동 부분에 흙을 높이 쌓아 주어 뿌리 부분이 추위에 해를 입지 않도록 한다.

향기 가득한 온실 로즈 하우스

온실에 있는 로즈 하우스는 1920년대에 지어졌다. 처음에는 절화용 장미를 생산하고, 크리스마스 때 장미꽃을 보기 위해 만들었는데, 1954년 듀퐁이 죽은 이후 다른 계절에도 꽃을 볼 수 있도록 한쪽에 하와이 무궁화 종류를 심었다. 그리고 1970년대에는 천사의 나팔 *Brugmansia x candida* 같이 꽃 피는 덩굴식물들을 벽면으로 올라가게 하여 배경을 만들어 주었다.

로즈 하우스의 일상

로즈 하우스 화단의 토양은 장미의 생육 상태를 보고 판단하여 몇 년에 한 번씩 갈아 줘야 한다. 이 작은 온실은 벽창과 천창을 이용해서 온도를 관리한다. 여름에는 천장에 달려 있는 팬을 위쪽 방향으로 해서 더운 바람이 위로 올라가 빠져나가게 하고, 겨울에는 팬을 아래쪽 방향으로 해서 더운 공기를 밑으로 내린다. 온도는 24도에 맞추어 놓고, 벽창에 설치된 겨울용 히터는 18도를 유지하도록 되어 있다.

온실 로즈 하우스에서는 매일 시든 꽃들을 따 주고 화단에 난 잡초를 뽑아 주어야 한다. 화단과 화단 사이 좁은 틈에 쭈그리고 앉아 잡초를 뽑는 일은 그리 재미있지 않다. 팔다리가 긴

봄에는 식물 부산물을 이용해
자체 제작한 퇴비로 멀칭 작업을 해 준다.

미국 친구들한테는 그러한 작업 자체가 곤욕일 것이다. 다행인지 불행인지, 한국에서 그런 자세의 정원 일에 익숙한 나한테는 잡초 매기가 그리 힘든 일이 아니었다. 담당 가드너들도 내가 그곳을 맡아 작업을 해 주면 더 만족스러워하곤 했다. 크리스마스 전후로 만개한 꽃들이 시들면 일제히 가지치기를 해 주어, 늦봄과 여름에 또 한 차례 꽃을 본다. 그리고 여름이 지난 후 다시 가지치기를 해서 겨울 개화를 유도한다. 제초 작업 후에는 시든 장미 꽃을 따 주는 작업을 한다. 시든 꽃이라고 하지만 가지치기한 꽃들을 버킷에 담다 보면, 어느새 풍성한 장미꽃 바구니가 된다.

일주일에 한 번 병해충 모니터링을 하는 날이면, 나이가 지긋한 자원봉사 할아버지가 장미원에 오셔서 장미의 건강과 병해충 상태를 체크한다. 루페를 들고 자세히 잎을 관찰하는 모습이 꼭 의사 선생님 같아 믿음직스럽다. 주로 군데군데 설치해 놓은 끈끈이에 붙은 온실가루이나 총채벌레의 발생 빈도를 체크한다.

장미정원을 즐기는 법

화창한 날, 장미정원에서 진한 원색의 드레스를 입은 부인들이 허리를 숙여 자신의 옷 색깔만큼이나 화려한 장미꽃의 향기를 맡는 모습은 한 폭의 그림 같다. 장미정원을 즐기는 모습은 사람마다 제각각이다. 열심히 꽃 사진을 찍는 사람이 있는가 하면, 꽃을 배경으로 자신의 사진을 찍는 사람도 있다. 여기저기 향기에 취해 탄성을 짓는 사람도 있고, 그저 연인과 다정하게 담소를 나누며 여유롭게 정원을 거니는 사람도 있다. 장미정원은 5월 중순부터 가을까지 많은 사람들로 붐빈다.

온실 로즈 하우스 전경. 특히 크리스마스를
전후로 장미꽃이 만발하여 향기가 진동한다.

로즈 하우스에서 함께 볼 수 있는 하와이무궁화
'제이슨'*Hibiscus rosa-sinensis* 'Jason'과
히비스커스 와이메이*Hibiscus waimeae*

향기와 모양, 색까지 다채로운 장미들

장미를 직접 기르기 위해 품종을 고를 때는 몇 가지 고려 사항이 있다. 먼저 장미는 겨울을 나는 능력이 모두 다르다. 어떤 장미는 영하 20도 이상의 한파를 거뜬히 견디어 내기도 하지만 다른 장미들은 그렇지 않다. 미국 농무성에서는 북미 지역을 온도대 별로 구분하여 15개 존으로 구분한 식물 내한성 지도USDA Hardness Zone Map를 만들었다. 그 정보를 참고해서 자기가 살고 있는 지역의 내한성에 맞는 장미 품종을 선택해서 심으면 된다. 참고로 우리나라 서울 경기 지방은 6b에 해당한다.

장미는 또한 품종에 따라 향기의 정도가 다르다. 머리가 아찔할 정도로 진한 향기가 있는가 하면, 거의 향기가 나지 않는 품종도 있다. 장미 향기의 주된 원인은 특별한 효소에서 비롯된 페놀 성분인데 이는 향을 가진 장미 품종의 특정한 유전자가 발현되면서 발생한다. 낮보다는 저녁에 향기가 짙은데 그 이유는 바로 이러한 효소가 이때 가장 많이 분비되기 때문이다. 꽃의 입장에서 향기를 내는 이유는 당연히 벌이나 나비를 꾀기 위함이다. 인간은 다만 그 선물을 운좋게도 즐길 수 있게 된 것뿐이다. 사람들은 더 진한 향기를 만들어 내기 위해 육종이라는 과정을 진행한다. 엄마 꽃의 암술에 아빠 꽃의 꽃가루를 묻혀 주고 여기에서 맺힌 씨앗을 발아시켜 꽃이 피게 한 후 향기가 더 강한 품종들을 선발하는 것이다.

장미의 색깔 역시 이런 과정을 거쳐 다양하게 만들어진다. 빨강, 노랑, 주홍, 보라, 하양, 무늬가 들어간 것 등 거의 생각할 수 있는 모든 색깔이 가능하다. 장미를 육종하는 데 감안해야 할 중요한 것은 병해충에 대한 내성이다. 아무리 예뻐도 병에 잘

향기가 강한 하이브리드 티 품종 중 하나인
'메모리얼 데이' *Rosa* Memorial Day

걸리는 허약한 장미라면 정원에서 건강하게 꽃을 피우지 못할 것이다. 이를 위해 보통 찔레의 대목을 이용해 원하는 장미를 접붙여 왔는데, 요즘은 육종 기술이 발달해서 접을 붙이지 않고도 강건한 품종들이 만들어지고 있다. 자고 나면 새로운 품종이 어디선가 계속 만들어지고 있다고 보면 된다.

세월이 지나도 사람들이 좋아하는 장미가 있다. 올드 패션 장미라고 하는 품종은 꽃도 큼직하고 향기도 좋고 튼튼하며 색깔도 원색으로 진하다. 올드 패션 장미는 새롭게 육종된 모던 로즈 품종들 사이에서 골격 역할을 하며 정원에 안정감을 준다. 마치 나이 든 사람들과 젊은 사람들이 함께 조화를 이루고 있는 모습처럼 말이다.

가드너의 봄

정원의 모든 존재들이 바빠지는 계절,
봄의 꽃들 속에서

03/02 수

벨테이미아

오후에는 요건과 함께 벨테이미아 화분을 온실로 운반했다. 롱우드가든은 육종 프로그램을 통해 남아프리카 원산인 벨테이미아 구근을 성공적으로 재배해 왔다. 전시홀 옆쪽 화단에 수국을 제거하고, 벨테이미아를 심었다. 벨테이미아의 분홍색, 하얀색 꽃은 봄을 맞이하는 온실에 참 잘 어울린다. 일을 마친 후에는 스프링 브레이크 파티가 있었다. 어느덧 봄이다.

03/03 목

나무고사리

전시홀에 있는 나무고사리의 오래된 잎을 제거해 주었다. 2미터가 넘는 길다란 전지가위로 줄기의 맨 아래쪽에 처져 있거나 꺾인 잎을 잘라 주었다. 잎 하나가 거대해서 몇 개의 잎들만으로도 금세 카트가 꽉 찼다.

03/04 금

사슴 울타리

3~4월에는 튤립을 심은 곳에 매일 저녁 사슴 막는 울타리를 쳐야 한다. 사슴이 튤립의 새싹을 좋아하기 때문이다. 지주를 2~3미터 간격으로 꽂고 전기선을 둘러 준 후 땅콩버터를 바른 금속 판을 매달아 놓는다. 이렇게 하면 사슴이 땅콩버터를 먹으려고 다가왔다가 전기 감전에 깜짝 놀라게 되어 다른 곳으로 가게 된다. 물론 전기는 사슴을 놀래킬 정도의 약한 세기다.

03/05 토

필라델피아 플라워쇼

새벽 5시에 기상해서 린의 집으로 이동했다. 오늘부터 필라델피아 플라워쇼가 열리는데 린의 식물들을 행사장으로 옮겨야 하기 때문이다. 지정된 구역으로 각각의 식물을 운반하고 패서passer가 식물을 검사한 후 패스 사인을 해 주면 일차적 임무는 완수한 것이다. 모든 식물을 운반하고 9시쯤 토스트와 커피로 아침을 먹었다. 오전에 심사관들이 출품된 식물들을 평가했는데, 린은 오늘 열여섯 개의 블루리본을 수상했다. 점심은 차이나타운에서 베트남 쌀국수를 먹었다. 필라델피아는 역사가 살아 있는 고풍스러우면서도 매력적인 도시이다.

03/06 일

변화의 시기

허드슨은 4월 중순쯤 네덜란드에 간다고 했다. 허드슨과 섬머를 데리고 삼겹살 집에 갔다. 그 친구들이 한국 음식을 좋아하는 걸 알고 있기에 한턱 내기로 한 것이다. 소주도 한 잔씩 하고, 오는 길에 커피숍에 들러 테이크아웃한 커피도 한 잔 마셨다. 뉴질랜드에서 온 톰은 큐가든의 3년짜리 학위 과정에 지원했는데, 인터뷰 대상자가 되어 영국으로 출발했다. 그간 함께 지내며 정이 든 이곳 친구들과도 이제 얼마 안 있으면 작별이다. 이별과 변화는 피할 수 없는 것이다.

03/07 월

부들레야

온실 입구 화단의 부들레야를 교체하는 작업을 했다. 원래 보라색과 하얀색 부들레야가 바깥 정원에 많이 쓰이는데, 온실에 식재된 것은 노란색 꽃이 피는 특이한 품종이었다. 같이 일하는 교육생들이 불평이 심했다. 부들레야 꽃이 '어글리ugly'하고, '오플awful'하다는 것이다. 아닌 게 아니라 꽃에서 안 좋은 냄새도 나고, 먼지도 많이 풍겨 재채기까지 하게 되는데 왜 이런 꽃을 온실 입구홀에 심었을까.

다른 화단의 튤립도 교체해 주었다. 지나가는 많은 사람들이 교체하는 튤립은 어떻게 할 거냐고 물어본다. 모아서 퇴비로 만들 거라고 말하면 다들 아까워한다. 어떤 사람들은 자기에게 주면 안 되냐고 물어보기도 한다.

칼 거슨스와 함께 일하면 배우는 게 참 많다. 뭘 물어보면 척척 대답도 잘해 준다. 오늘 들은 얘기 중 기억나는 것은 튤립의 꽃은 더블, 프린지드, 스피시스 등 여러 그룹으로 나눌 수 있다는 것이다. 화단 교체 작업을 마치고 그린하우스로 가서 토분을 세척해 주었다. 고무장갑을 끼고 락스 물에다가 화분을 담가 수세미로 씻어 주는 일이다.

03/08 화

온실의 뮤직룸

온실 화단에 튤립을 식재한 후, 뮤직룸에 가서 난초가 들어 있는 워디언 케이스에 물을 주었다. 18세기 후반, 영국에서 다른 지역의 식물 수집과 운반을 위해 고안된 워디언 케이스는 미니 온실 형태로 만들어졌다. 마치 작은 식물원을 옮겨 놓은 것 같다.

뮤직룸에는 피아노 음악이 흐르고 있었는데, 지나가던 관람객이 곡명을 물어보았다. 가드너에게 꽃이 아닌 음악에 대해 물어보니 당황스러웠다. 안내 데스크에 가서 확인해 보니, 베토벤의 피아노 소나타 21번 다장조 작품 번호 53 발트슈타인이었다. 꽃과 정원, 클래식 음악은 잘 어울리니 음악 공부도 좀 해야겠다는 생각이 들었다. 어떤 관람객은 지나가면서 마치 낙원에 온 것 같다며 감탄하기도 했다.

오후에는 록가든 소사이어티에서 세미나가 있었다. 에딘버러, 몬트리올, 콜로라도의 암석원을 소개해 주었다. 레움 노빌레*Rheum nobile*라는 식물을 찾기 위해 히말라야 산을 올랐던 이야기, 코에니지아 이슬란디카*Koenigia islandica*라는 작은 식물에 관한 이야기도 재미있었다. 메코놉시스*Meconopsis*는 캐나다로부터 수입을 하는데 일곱 종류의 품종이 있다. 이들은 씨앗의 꼬투리가 다르다. 사우수레아*Saussurea*의 잎은 마치 스웨터 같은 질감을 갖고 있다. 주변에서 쉽게 볼 수 없는 암석원과 그 꽃들의 세계는 참 신기하다.

03/11 금

플라워쇼 위크

어제 필드트립으로 교육생들과 함께 플라워쇼를 다녀왔는데, 오늘 또 플라워쇼를 찾았다. 이번 주말까지니까 그전에 될 수 있는 대로 샅샅이 살펴볼 생각이었다. 린으로부터 받은 프리 티켓도 있으니 부담이 없었다. 오늘은 칼 거슨스의 강연을 들었다. 같이 일하는 직원이 이렇게 큰 행사장에서 강연을 하는 모습을 보니 신기하다. 주제는 가정집 정원을 위한 컨테이너 가드닝이었다. 컨테이너 화분으로는 토분이 좋다고 했다. 집에 비유하면 토분은 마치 토담집처럼 안팎의 공기가 숨을 쉬며 적절한 온도와 습도를 유지시켜 준다. 칼 거슨스의 멋진 강연을 들으니 내가 대단한 사람들과 함께 일하고 있는 게 실감이 났다. 다른 강연들도 듣고 플라워쇼를 마저 구경하고 돌아왔다. 롱우드 대학원 프로그램에 합격해서 내년에도 내후년에도 이 플라워쇼를 볼 수 있으니 참 다행이다.

03/12 토

원터투어 가든

원터투어 가든을 방문했다. 지난번 허탕을 쳤던 터라 더 기대가 되었다. 게리 스미스Gary Smith라는 조경 디자이너의 강연이 있었다. '예술에서 조경으로From Art to Landscape'라는 주제로, 정원 디자인에 응용할 수 있는 자연의 여덟 가지 패턴에 대한 설명이었다. 흩뿌림, 자연적 이동, 구불구불한 길, 방사상, 수지상, 나선형, 모자이크, 균열 등이다. 그는 이러한 자연스러운 디자인 패턴을 이용해서 많은 정원을 설계했다. 그중 하나가 원터투어 가든의 어린이 정원이었다. '마법에 걸린 숲Enchanted Wood'이라는 이름의 이 정원에는 요정과 마법에 관한 전설과 신화가 담겼다. 프레젠테이션을 통해 자신이 어떻게 정원을 디자인하는지 소개해 주었다. 파스텔 톤의 거친 스케치로 초기 개념을 잡은 과정이 흥미로웠다. 핵심적인 영감으로부터 시작해 세부적인 디자인을 완성해 가는 것이 골자다.

강연이 끝난 후에는 원터투어 가든 투어와 해설이 있었다. 숲속에 이른 봄 피어나는 스노드롭과 복수초, 수선화, 히말라야바람꽃 같은 꽃들을 감상하고, 박물관처럼 꾸며진 대저택 내부를 구경했다. 롱우드 가든을 만든 피에르 듀퐁이나, 원터투어 가든을 만든 헨리 듀퐁처럼 돈 많은 부호들이 정원을 사랑했다는 것이 얼마나 다행스러운 일인지 모르겠다. 분명 후세 사람들에게 길이길이 남겨질 소중한 유산이다.

03/14 월

온실의 하루 일과

온실 장미원 청소를 한 후 전시홀에 심비디움을 교체했다. 수련이 자라고 있는 그린하우스 수조에 물을 보충해 주고, 잎에 끼어 있는 진딧물을 제거해 주었다. 수조는 매일 조금씩 물이 넘치게 해 주는데, 이렇게 하면 이끼가 잘 끼지 않는다. 수생 식물용 화분에 들어가는 배양토를 만들었는데, 여기에는 황토가 90퍼센트, 모래가 10퍼센트 들어간다.

03/15 화

수련의 달인

수생 식물을 키우는 연못에는 작은 물고기를 키운다. 이 물고기들은 모스키토 피시Mosquito fish라고 불리는데, 수생 식물의 잎에 피해를 주는 달팽이나 모기, 바퀴벌레 알 따위를 먹고 산다. 오늘은 빅토리아수련을 2차 이식해 주었다. 빅토리아수련은 맨 처음에 4인치에서 6인치, 그다음 7인치 토분으로 이식을 해 줘야 한다. 먼저 지름 50센티미터, 높이 20센티미터 정도 되는 용기에 황토와 굵은 모래를 9:1 비율로 섞은 뒤 40그램짜리 태블릿 거름을 28개 정도 으깨어 같이 섞어 주었다. 빅토리아수련 아마조니카 6개와 크루지아나 5개, 롱우드 하이브리드 8개를 이식한 뒤, 이름표를 써서 흙 속에 거꾸로 박아 놓았다. 이렇게 하면 글씨가 지워지지 않는다. 그중에서 최종적으로 롱우드 하이브리드 3개, 크루지아나 2개, 아마조니카 2개가 남겨져 전시원으로 옮겨질 것이다. 열대 수련은 7인치 화분으로 옮긴 다음에는 잎이 너무 커지므로 서너 개 잎만 남기고 하나의 꽃줄기만 남긴 상태에서 재배한다. 팀 제닝스는 수련의 잎만 보고도 무슨 품종인지 알아맞히니 정말 이 분야의 달인이다.

03/17 목

조이스의 정원

일을 마치고 조이스와 함께 기숙사 주변을 돌며 식물에 대한 설명을 들었다. 조이스의 집 주변에는 온몸이 삼각형 모양의 바늘잎으로 덮인 멍키퍼즐트리, 이른 봄 진한 향기를 풍기는 납매(臘梅), 귀걸이처럼 꽃송이가 주렁주렁 매달린 통조화*Stachyurus praecox* 같은 귀한 나무들이 있다. 우리나라에서 볼 수 없는 자이언트세쿼이아 '헤이즐 스미스'*Sequoiadendron giganteum* 'Hazel smith', 노각나무랑 비슷한 스테워르티아 모나델파 '서머타임'*Stewartia monadelpha* 'Summertime'처럼 나무껍질이 매우 아름다운 나무도 있었다.

03/18 금

파란 양귀비

그린하우스에서 일하며 요건과 양귀비꽃에 관해 이야기를 나누었다. 파란색 양귀비꽃이 있다. 메코놉시스*Mechonopsis*라고 불리는 이 식물(오른쪽 상단 사진)은 원래 히말라야에서 자라며 섭씨 20도 이상이 되면 꽃이 잘 피지 못한다. 파란색 꽃은 안토시아닌 색소와 관련이 있다. 안토시아닌이 알루미늄을 만났을 때 파란색을 띠는데, 알루미늄은 낮은 온도에서 식물에 이용할 수 있다.

일과 후 저녁에는 파티가 있었다. 존이 펀치를 만들어 왔는데, 너무 맛있어서 비법을 물어보았다. 펀치의 이름은 '아톰의 핫한 럼 펀치Atom's Hot Rum Punch'다. 재료는 애플 사이다 2, 파인애플 주스 1, 체리 또는 크랜베리 주스 1을 넣는다. 그 밖에 기호에 따라 오렌지, 레몬, 사과, 계피, 넛멕, 정향, 신선한 생강, 붉은 고추, 다크 럼을 넣어 준다.

03/19 토

군자란 데뷰탕트

온실 전시홀은 북아메리카군자란협회 국제 심포지엄 준비로 아침부터 분주했다. 매년 열리는 이 행사는 협회원들이 자신들이 정성껏

키운 군자란을 선보이고, 그중 부문별로 가장 월등한 개체들을 선정하여 시상하는 자리다.(앞쪽 두 번째 사진이 북아메리카군자란협회가 선정한 수상작) 이와 함께 이 분야 전문가들을 초청하여 강연회도 개최한다.

오늘은 롱우드가든에서 태어난 특별한 존재가 세상에 데뷔를 하는 날이다. '롱우드 데뷰탕트'Clivia miniata 'Longwood Debutante' 라는 이름의 군자란 신품종이다. 1976년 로버트 암스트롱 박사가 군자란 육종을 시작한 이래 드디어 결과물들이 나오게 되었다. 대부분의 군자란이 오렌지색 꽃이었기 때문에, 초기 목표는 강건한 노란색 꽃을 만들어 내는 것이었고, 롱우드 데뷰탕트 군자란은 그 첫 결실이다. 성숙하고 멋진 모습을 세상에 처음 선보인다는 의미로 이름도 '데뷰탕트'로 지었다.

03/26 토

파란색 호접란

지난 1월 22일부터 롱우드가든에선 일명 '오키드 엑스트라버갠자Orchid Extravaganza', 난 전시회가 한창이다. 대부분의 난은 1월 초부터 늦봄까지 꽃이 절정이다. 식물계의 디바라고 할 수 있는 난꽃은 세계의 거의 모든 기후대에서 발견되지만 특히 겨울철 많은 비가 내리는 열대 지방에 풍성하고 그 시즌에 꽃이 많이 핀다. 가장 추운 시기인 1월 말부터 봄이 무르익기 시작하는 3월 말까지 두 달 동안이나 전시를 이어 갈 수 있다는 면에서 온실 정원사들에게는 효자 같은 꽃이다.

올해 롱우드가든에는 파란색 꽃이 피는 호접란이 선보였다. 사실 이 꽃에는 약간의 트릭이 있다. 파란색 호접란은 자연 상태에서 존재하지 않기 때문이다. 방법은 꽃봉오리가 아직 벌어지지 않았을 때, 파란색 염료를 탄 물을 주는 것이다. 그러면 뿌리가 빨아들인 물이 관다발을 통해 꽃잎을 서서히 파랗게 물들이는 것이다. 자연스러운 색깔이 아니라서 좀 이상하게 보이긴 하지만, 파란색 호접란은 사람들의 눈길을 사로잡고 발길을 멈추게 한다.

오늘은 두 달 가까이 계속된 난 전시의 하이라이트, 인터내셔널 오키드 쇼 앤 세일International Orchid Show and Sale이 열리는 날이다. 이미 오랑주리와 이스트 컨서버토리, 아카시아 길 등 온실 안은 난꽃으로 가득한 상황이지만, 전시홀과 온실 곳곳에 20개의 특별 전시작품들이 새롭게 선보였다. 귀하고 비싼 난꽃들로 만든 크고 작은 정원들이 럭셔리하다. 난꽃이 가장 좋아하는 환경을 만들어 주기 위해 유리로 만든 워디안케이스 정원도 볼거리다.

오후에는 볼룸에서 심포지엄도 열렸다. 스미스소니언 박물관의 난 전문가 톰 미렌다의 '난꽃 수정의 미스테리'도 재미있었고, 미국 난 협회 교육연구부장인 론 맥해튼 박사의 '난꽃에 관해 항상 알고 싶었지만 물어보기 두려웠던 모든 것'도 흥미로웠다.

온실 바깥 임시 천막 행사장에서는 하와이부터 남아메리카까지 최고의 수집가와 재배가들로 구성된 28개 벤더가 참여하는 난꽃 판매 장터가 열렸다. 카틀레야, 덴드로비움, 팔레놉시스, 파피오페딜럼, 온시디움 등 절정을 맞이한 온갖 난꽃들이 새로운 주인을 만나는 자리다.

저녁엔 온실에서 음악 콘서트와 춤 공연, 디저트와 드링크를 즐길 수 있는 바가 운영되었다. 재배, 전시부터 판매와 교육, 소셜네트워크까지 그야말로 난꽃의 모든 것을 즐긴 행복한 하루였다.

03/31 목

워싱턴 벚꽃 놀이

워싱턴디시로 벚꽃 놀이를 다녀왔다. 스미스소니언 박물관, 독립 기념탑, 국회 의사당 옆으로 흐르는 포토맥강 주변에 벚꽃이 흐드러지게 피었다. 마치 여의도 벚꽃 축제를 보는 느낌이다. 미국의 심장부에서 벚꽃 축제를 한다는 게 신기했다. 요시노 체리라고 불리는 이 왕벚나무들은 백여 년 전 일본에서 기증한 것들이다. 그런데 왕벚나무는 제주도 한라산이 원산지라고 알고 있었기 때문에, 동행한 사람들에게 이 나무의 고향은 바로 내가 살던 제주도라고 이야기하자 다들 의아해 한다. 벚나무는 일본의 상징이요, 이 나무의 이름 역시 '요시노'라는 일본 이름을 달고 있으니 그럴 만도 하다. 어쩌면 내가 너무 섣부른 얘기를 했는지도 모르겠다. 왕벚나무의 원산지가 어디인지를 놓고 우리나라와 일본이 아직도 연구가 한창이기 때문이다. 아무튼 어디가 정확한 고향이든, 워싱턴디시 한복판에 우리 왕벚나무의 후손들이 자라고 있다는 것이 왠지 뿌듯했다.

    다시 숙소로 돌아오는 차 안에서 여러 상념에 빠졌다. 미래에 대한 지나친 환상과 기대보다는 현재에 충실하고 지금 이 순간을 즐기는 것이 최선의 길이 아닐까. 뭘 할까, 뭐가 더 좋을까, 너무 많은 고민 속에 사로잡히기보다는 고민하지 말고, 그냥 지금 내가 발견한 좋은 것들을 하나하나 맛보면서 다른 사람들과 나누며 사는 것은 어떨까.

04/02 토

봄 야생화

봄이 다가오니 이맘때 피는 꽃들을 하나도 놓치고 싶지 않아 마음이 바빠진다. 버지니아블루벨*Mertensia virginica*의 파란 꽃, 우리나라 노루귀와 비슷한 혈근초*Sanguinaria canadensis*의 순백색 꽃, 앉은부채와 비슷한 리시키톤 아메리카누스*Lysichiton americanus*의 노란 포엽 등 소박하고 자연스러운 꽃들이 막 피기 시작한다. 스컹크 캐비지라고도 불리는 앉은부채 종류는 노란색 말고도 흰색*Lysichiton camtschatcensis*, 붉은색*Symplocarpus foetidus*도 있다. 하얗게 포엽을 올리는 천남성도 신기하다. 천남성은 잎의 종류와 무늬에 따라 여러 종류가 있다. 암꽃과 수꽃이 다른데, 어떤 때는 해에 따라 성을 바꾸기도 한다. 우리나라 수호초 Pachysandra terminalis와 비슷한 프로쿰벤스수호초 Pachysandra procumbens도 향기 짙은 꽃을 피워 낸다. 생강나무와 비슷한 벤조인생강나무 Lindera benzoin의 노란 꽃도 참 좋다.

04/11 월

장미정원 가드닝

오늘부터 트로이, 웬디, 로빈, 엘레나와 함께 중앙 분수 정원에서 일을 한다. 아침에 엘레나와 함께 송풍기를 메고 분수 정원의 낙엽을 치웠다. 그 후 장미원으로 가서 로빈을 만나 비료 주는 작업을 했다. 비료는 질소, 인산, 칼륨을 10:10:10으로 섞어 쓰는데 여기에 마그네슘 솔트도 약간 섞어 주었다. 장미는 4월 초부터 8월 초까지 월 1회 비료를 준다. 그리고 흑반병 예방을 위해 매주 1회 스프레이를 해 준다. 요즘은 접목 장미 대신 원종 장미를 쓴다는 얘기도 들었다. 좋은 품종이 많이 나와 있기 때문에 굳이 접목 장미를 쓸 필요가 없어지는 추세다.

04/12 화

나무 심기

금방이라도 비가 내릴 것 같은 이른 아침, 장미정원은 한껏 습기를 머금은 선선한 공기에 약간은 몽환적이기까지 한 분위기였다. 새로 구입한 장미 묘목들을 사슴으로부터 보호하기 위해 울타리를 치는 작업을 했다. 비가 한두 방울 떨어지기 시작하더니 이내 굵은 빗줄기가 내리기 시작했다. 먼저 북쪽 출입문 밖에 나무 심는 작업을 도왔다. 낙우송이었는데, 이 지역에서 아주 잘 자라는 나무라 했다. 나무 농장에서 구입한 나무는 표토가 많이 덮여 있기 때문에 될 수 있는 대로 뿌리가 노출되도록 흙을 어느 정도 제거한 후 심는다. 나무 밑동 부분에 꽤 굵은 뿌리가 감겨 있었는데, 그대로 심으면 1~2년은 괜찮지만 점점 뿌리가 계속 밑동을 죄어 3년 후부터는 문제가 생겨 죽기 시작한다고 한다. 공교롭게도 조경회사의 보증 기간은 1년이고 나무가 문제가 생기는 시점은 3년 이후이기 때문에 몇 년이 지난 후 나무가 죽으면 다시 조경 공사를 하게 되고 이러한 일들이 계속 반복된다고 한다.

04 / 13 수

정원사의 하루

때때로 정원사의 하루 일과는 참으로 길다. 밤새 내리던 비가 잦아들며 안개 같은 부슬비를 뿌리던 아침, 나는 온실 앞 화단에 떨어진 호랑가시나무 잎들을 치우는 일로 하루를 시작했다. 오전에는 튤립과 수선화 구근이 심겨진 정원에 팬지와 알리섬을 심었다. 비는 여전히 부슬부슬 내리고 있었다. 오후에는 장미정원에 퇴비를 덮어 주는 멀칭 작업을 했다. 로빈이 작업차에 멀칭 퇴비를 싣고 오면 그것을 삽지창으로 퍼서 화단에 깔아 주는 일이다. 화단이 한두 군데도 아니고, 비가 추적추적 오는 가운데, 김이 모락모락 피어나는 신선한 퇴비를 한 삽 한 삽 푸다 보니, 검은 흙물들이 뒤범벅되어 내 꼴은 금세 탄광촌의 인부처럼 새카매졌다. 작업화는 이미 속까지 질펀하게 젖은 지 오래다. 더구나 담당 가드너는 내게 멀칭을 좀 더 두툼하게 덮어 주라고 한다. 쉬엄쉬엄 시든 꽃이나 잎을 따주는 일에 비해, 이렇게 중노동에 가까운 일을 하게 되는 날이면 몸이 좀 많이 고단하다. 하지만 비를 맞으며 이렇게 일해 보는 것도 드문 일이어서 또 하나의 추억이 될 거라 생각했다. 화단 주변에 흙먼지들도 비에 씻겨 나가 말끔하고 완벽하게 마무리가 되었다. 비로 인해 정원과 내가 하나가

된 듯했다. 신선한 멀칭이 한 해 동안 장미들을 건강하게 자라게 해 주는 보약이라고 생각하면 내 땀이 그렇게 아깝지만은 않다.

    4시쯤 일을 마치고 숙소로 돌아왔고, 5시 반에 사슴 울타리 작업을 나가기 전까지 잠깐 동안 간식을 먹으며 휴식을 취했다. 다행히 비는 그쳤고, 사슴 울타리 작업을 하는 동안 날씨는 완전히 개어 가고 있었다. 3~4월은 매일 저녁 전기가 흐르는 울타리를 치고 이른 아침마다 다시 철거해 주는 작업을 한다. 저녁 여섯 시 반쯤 모든 작업을 끝마치고, 나는 그제야 맘껏 봄꽃들을 보기 위해 다시 정원으로 나섰다. 오늘이 아니면 어쩌면 당분간 제대로 보지 못할지도 모를 꽃들이 눈에 밟혔기 때문이다. 하지만 이미 저녁 해는 빠르게 저물어 가고 있었다. 벚꽃은 아직도 풍성하게 피어 있었고 목련은 벌써 많은 꽃잎들을 바닥에 떨구고 있었다. 호숫가에는 스컹크캐비지가 하얀 꽃을 피워 올리고 있었는데, 그건 식물도감이 아닌 실제 풍경 속에서 난생 처음 보는 것이었다. 중앙 분수대 주변에 가로수처럼 심겨진 노르웨이 단풍나무들은 오래되어 커다랗게 자란 덩치에 걸맞지 않게 아주 작은 연두색 꽃을 피워 내고 있었다. 아직도 먹구름이 가득한 늦은 저녁의 어스레한 빛과 함께 환상적인 분위기를 만들어 주었다. 일하는 동안에는 그것을 즐길 마음의 여유가 없어서일까, 관람객이 되어 바라보는 정원은 그 속에서 일할 때와는 전혀 다른 느낌이다.

04/14 목

정원사의 하루 2

   정확히 아침 6시 30분에 일과를 시작했다. 간밤에 비가 많이 내렸는데 아침에 날씨는 여전히 잔뜩 흐린 채 부슬비가 내리고 있었다. 지난밤 비바람에 떨어진 온실 입구의 낙엽들을 치우는 일부터 시작했다. 먼저 송풍기로 바람을 일으켜 낙엽들을 한쪽으로 모은다. 온실 앞에는 커다랗게 자란 호랑가시나무가 있어, 낙엽은 그 잎들이 대부분이다. 호랑가시나무는 상록수이기는 하지만, 겨울에는 오래된 잎들이 많이 떨어진다. 청소를 마친 후 장미정원으로 향했다. 어제 미처 마치지 못한 작업을 마무리지었다. 가드너의 하루는 결코 녹록지 않다. 점심시간 30분을 제외하고 거의 모든 시간 동안 빠듯하게 일을 한다. 사실 가드너뿐 아니라 정원의 모든 존재들은 바쁘다. 정원에서 일을 하다 보면 인간은 자연의 구성원일 뿐, 그 이상도 이하도 아닌 것 같다.

05/20 금

또 다른 여름의 시작을 위하여

귀국할 날이 다가오면서 말년 병장처럼 모든 일들이 편하게 느껴진다. 1년의 마지막 달 근무지로 바깥 정원을 선택한 것은 잘한 것 같다. 5월의 날씨가 이렇게 좋으니 말이다. 특히 내가 좋아하는 건 이른 아침 정원에 펼쳐진 안개, 일하는 동안 중간중간 불어오는 시원한 바람, 파랗고 깨끗한 오후 하늘과 시시각각 달라지는 새하얀 구름, 가끔씩 제주도처럼 갑자기 쏟아지는 소낙비 따위다.

오전엔 벨기에 출신 파트타임 가드너 베키와 피어스 우드 시냇가에 조성된 정원 제초 작업을 했다. 높이 솟은 '프레리 센티넬' 낙우송 군락 아래 붉은숫잔대와 태청숫잔대 사이로 올라오는 잡초들은 아직 세력이 그리 왕성하지 않지만 시기를 놓치면 걷잡을 수 없게 된다. 제초 작업은 참 재미없는 일인데 다행히 베키와 이런저런 얘기를 나누다 보니 시간이 금세 지나갔다. 베키는 일주일에 사흘 정도만 롱우드에서 일하고, 다른 날은 인근 오가닉 팜에서 베지터블 그로워로 일한다고 했다. 정원에서 일하면서 가드너들끼리 서로 살아가는 이야기를 나누는 것도 가드닝의 큰 재미다. 물론 작업에 지장을 줄 정도로 대화에 빠지면 안 되겠지만 적당한 선에서 주고받는 대화는 단조롭고 힘든 일과에 촉진제가 된다.

일을 마친 후에는 윈터투어 정원을 방문했다. 요즘은 하루하루가 아까워 시간 날 때마다 근처 정원들을 찾는다. 3월의 언덕이라는 뜻의 마치 뱅크March Bank 우드랜드를 가득 메웠던 노랑, 파랑, 하양 봄꽃들은 온데간데없고 청나래고사리의 싱그러운 연두색 잎들이 바람에 흔들리며 물결을 이루어 또 다른 장관을 연출하고 있었다. 자연을 상대로 오랜 세월을 내다보는 안목과 심미안을 가진 가드너만이 대지 위에 펼쳐 낼 수 있는 예술이다.

지난해 초여름 뜨거웠던 날씨만큼이나 열정적으로 시작했던 이 과정도 어느새 끝이 다가오고 있다니 기분이 묘하다. 다만 이 끝맺음이 또 다른 시작으로 이어질 수 있다는 것은 뿌듯하면서도 설레고 기분좋은 일이다. 얼마 후면 귀국이지만 곧 새로운 2년간의 롱우드 대학원 과정을 위해 다시 이곳에 와야 한다. 오리엔테이션은 6월에 시작이며 이번에는 아내와 딸아이가 곁에서 함께할 것이다. I'll be back!

에필로그

가드너를 꿈꾸는 이들에게

우리 모두는 가드너입니다

롱우드가든에서 1년간 국제 정원사 양성과정, 그후 2년간 델라웨어 대학교 롱우드 대학원 과정을 마치고 한국으로 돌아온 나는 지금 에버랜드의 가드너로 일하고 있다. 좀 더 자세히 말하면 사계절 꽃 축제를 기획, 디자인하고, 새로운 식물 소재를 찾아 키워 내며, 에버랜드 곳곳에 만들어진 여러 정원들을 관리하는 일이다. 특히 튤립과 초화류 등 연중 에버랜드에 필요한 꽃들의 품질을 책임지며, 가끔씩은 식물 관련 교육 및 체험 프로그램을 진행하기도 한다. 출판 편집자로 시작한 사회 초년생 때부터 지금의 자리에 오기까지 직장과 거주지도 참 많이 바꾸며 살았지만, 매 순간 꽃과 정원을 좇았던 것 같다.

어느 분야에 있든, 어떤 위치에 있든 누구나 가드너가 될 수 있다고 나는 믿는다. 아니 우린 모두 태초부터 가드너였을지 모른다. 요즘은 마트에서도 초록 식물들을 많이 파는데 가끔씩 카트에 화분을 담고 지나가면 아이들이 그 초록 잎에서 눈을 떼지 못한다. 본능적으로 끌리는 것이다. 푸른 숲에 가면 왠지 마음이 평온해지고 꽃을 보면 자연스레 미소가 지어진다. 우리네 할머니, 할아버지 들은 시골집 주변 조그만 자투리 땅이라도 놀리지 않고 채소를 키우셨다. 바쁘고 고달픈 삶일지라도 길가엔 맨드라미, 봉선화, 과꽃 같은 꽃들이 수줍게 피어나곤 했다.

　　　　베란다 창가나 사무실 책상 위에 어떤 식물이라도 키우면서 관심을 쏟고 있다면 이미 가드너 생활을 하고 있는 셈이다. 여행 중에 새로운 꽃을 발견하고 이름을 궁금해 한다면 역시 가드너의 소양을 지닌 셈이다. 가드너가 되기에 이르거나 늦은 나이란 없다. 롱우드가든엔 아주 젊은 친구부터 은퇴한 노인 들까지 가드너가 되기 위해 교육 프로그램에 참여하거나 자원봉사를 시작하는 사람들이 많았다. 모두 어떤 계기에서건 어느 날 식물과 정원에 대한 관심이 생겨 시작한 길이다.

　　　　전문 가드너를 직업으로 갖기 위해서는 대학에서 원예학과, 조경학과, 생물학과, 산림학과 등 관련 전공 학업 과정을 밟는 것이 유리하다. 가드너와 직접적으로 연관이 있는 학과는 원예학과다. 디자인, 설계를 고려한다면 조경학과, 그리고 식물 종 자체에 대한 지식과 계통 분류에 관심이 있다면 식물학과(생물학과)를 포함시킬 수 있다. 좀 더 큰 스케일에서 숲과 나무, 생태 서식지 환경, 도시 재생의 개념을 생각하면 산림학과, 환경생태학과도 관련이 있다.

　　　　학과 과정 외에 실전 경험을 쌓기 위해 국내외 수목원이나 식물원에서 제공하는 교육 프로그램에 참여하는 방법도 있다. 국내엔 천리포수목원의 수목원 전문가 과정이 유명하다. 매년 30명의 교육생들이 1년간 수목원 생활을 하며 각 분야별 담당 직원들과 함께 일하고 공부한다. 춘천 제이드가든에는 일반인을 대상으로 하는 단기 가드닝 프로그램도 있다. 2개월간 실습을 겸한 수업과 전문가 특강으로 구성되어 있다.

국제적으로는 내가 경험한 미국 롱우드가든 국제 정원사 양성과정이 있다. 원예, 조경, 식물 관련학과 전공자로 1년 이상 경력이 있거나, 5년 이상 관련 분야 경력이 있다면 지원 가능하다. 원래 1년 과정이었는데 지금은 9개월간 롱우드가든 숙소에서 다른 교육생들과 함께 지내면서 롱우드가든의 온실 정원, 옥외 정원, 연구, 재배, 큐레이터, 수목 관리, 병해충 관리 등 실무 경험을 쌓을 수 있다.

영국 왕립원예협회RHS에서 주관하는 100년 전통의 원예 전문가 양성과정도 있다. 위슬리, 로즈무어, 하이드홀, 할로카 등 네 개의 왕립식물원에서 다양한 프로그램을 제공한다. 학교에서 이론 위주로 배운 학생들이 실제 정원에서 직접 가드닝 경험을 쌓고 원예 산업의 진정한 직업인으로 거듭나는 준비 과정이다.

가드닝, 끊임없이 보살피고 가꾸는 일

계절마다 피어나는 꽃은 예쁘지만 그 정원을 가꾸는 가드너의 손길은 늘 분주하다. 가드너는 정원에 존재하는 모든 요소들과 그에 영향을 미치는 환경을 잘 알고 컨트롤할 줄 알아야 한다. 다양한 토양의 종류, 사계절 햇빛과 온도의 변화, 물의 중요성, 온갖 병해충과 잡초에 대해서도 해박한 지식과 경험이 필요하다.

오케스트라의 지휘자처럼 가드너는 정원의 모든 요소들이 서로 조화를 이루며 아름답게 살아가도록 늘 세심하게 살피며 필요한 일들을 해 준다. 때로는 하루 종일 땀을 흘리며 땅을 일구기도 하고, 시든 꽃잎과 가지를 정리하느라 매일매일 많은 시간을 보낸다. 식물의 상태를 살피면서 적절히 거름을 주면서 병해충이 생기지 않도록 하는 일은 기본이고, 겨울 추위에 대비해 적절한 보호를 해 주는 일도 빼놓을 수 없다. 무엇보다 다양한 식물들에 대한 지식, 특히 어떤 식물들이 어떤 환경에서 잘 자라는지 경험에 근거한 지식이 풍부해야 한다. 다양한 자연환경에서 식물들의 어우러짐을 관찰하고 미적인 아름다움을 발견하는 일도 가드너로서 기본 자세다.

정원은 앞으로 보다 많은 사람들의 삶 속에서 중요한 부분을 차지할 것이 분명하다. 세상은 점점 더 빠른 속도로 변하고 있지만 인간으로서 누려야 할 삶의 가장 본질적인 부분을 다른 것으로 대체하긴 어렵다. 그중 하나는 바로 식물을 기르는 가드닝에 대한 원초적인 본능, 더 나아가 자연을 경작하여 보다 조화롭고 매력적이며 창조적인 환경을 만들고자 하는 욕구다.

나는 가드너입니다

1판 1쇄 펴냄 2017년 11월 3일
1판 3쇄 펴냄 2020년 7월 23일

지은이 박원순
발행인 박근섭·박상준
펴낸곳 (주)민음사

출판등록 1966. 5. 19. 제16-490호
주소 서울특별시 강남구 도산대로1길 62(우편번호06027)
대표전화 02-515-2000 | 팩시밀리 02-515-2007
홈페이지 www.minumsa.com

ⓒ 박원순, 2017. Printed in Seoul, Korea

ISBN 978-89-374-3477-8 (03520)

* 잘못 만들어진 책은 구입처에서 교환해 드립니다.